No es difícil encontrar a un niño que sueñe con ser policía, bombero, personal sanitario…

Jamás he oído a ninguno desear ser vigilante de seguridad…

Hagamos, entre todos, que los sueños de nuestros hijos se aproximen a aquello a lo que nos dedicamos.

Fco. J. Torres

Prólogo

Hay profesiones francamente denostadas... Principalmente, por desconocimiento y desinformación.

Las englobadas en la Seguridad Privada, en especial la de Vigilante de Seguridad, no son una excepción de aquellas.

A cualquiera que se le preguntó, conocerá episodios de actualización, con repercusión mediática, en la que la figura del Vigilante de Seguridad, no sale bien parada. Pero pocos aquellas otras verdaderamente meritorias.

En este espectro, he sido testigo, no en pocas ocasiones, de que lo que se publicaba y repercutía, era producto del "no conocer" por parte de los medios, por tanto, desinformando. De conocer, sin duda alguna, no hubiesen sido noticia, o hubiese sido carente de valor mediático para informar.

Por ello, "el conocimiento" y "la información" deben ser entendidas como las columnas vertebrales que pretendo utilizar en este texto. En definitiva, para dotar de un adecuado juicio de valor.

Sin embargo, existe otra vertiente, no tan oculta, que dejo de manifiesto en aquellos temas de estilo libre, "la pasión" que se deposita cuando te desarrollas profesionalmente en aquello que te gusta.

¿Hay algo más gratificante que dedicarte a lo que haces conociendo, informado y con lo que se disfruta?

Pocas cosas... Tengo el pleno convencimiento de que las obligaciones, en cualquier ámbito profesional, que se realizan con cierta pasión, disipa, en gran medida, el concepto de obligación.

Por lo tanto, pretendo que sea un comienzo. Un estímulo para despertar el apetito por conocer, primera razón de este libro, especialmente, al alumno, no sólo con el objeto final de conseguir la superación de pruebas en lo que concierne al área que trato.

El principio del fin de las rémoras está en tu mano, conociendo e informándote, y, cuando estés en posición de ello, aporta conocimiento e informa. La pasión, bien entendida, llegará por sí sola, aún con el riesgo de que se me pueda considerar utópico.

Traza tu camino abriendo debate sobre lo que sabes, con conocimiento de causa, sobre aquello que pudiera ser producto de la desinformación.

Pero, por otro lado, sea cual fuere el nivel de conocimiento sobre nuestra materia que se llegue a adquirir, convendrá tener en cuenta aquellos necesarios por las puntualidad operativas de la diversidad de servicios en la que prestemos el nuestro. Por tanto, se debe ser respetuoso con aquellos que conocen de aquellas particularidades.

Con todo ello dignificaremos, y ayudaremos a otros a hacerlo, nuestra profesión.

Por Fco. J. Torres Ruiz.
Jefe, Director y Docente de Seguridad Privada

ÍNDICE

ANEXO I.- Marco Normativo.
ANEXO II.- Terminología y Abreviaturas utilizados, por orden alfabético.
ANEXO III.- Fotogramas Medios Técnicos Pasivos: Seguridad Física.
ANEXO IV.- Fotogramas Medios Técnicos Activos: Seguridad Electrónica.

ÁREA TÉCNICO-PROFESIONAL

PARA VIGILANTES DE SEGURIDAD

TEMA 1. La seguridad. Nociones generales. Seguridad individual y seguridad colectiva. La inseguridad. Inadaptación, marginalidad y delincuencia: clases de delincuencia. El sistema integral de seguridad. Teoría esférica de la seguridad. Zonas y áreas de seguridad.

1.1.- La Seguridad.

En el ámbito de la seguridad son de aplicación, bajo el prisma de dos puntos de vista, dos definiciones de La Seguridad:

Desde el punto de vista Conceptual: es el estado o situación ideal resultante de la no existencia de factores de riesgo dentro del entorno configurado para el Patrimonio de una Organización.

Desde un punto de vista Funcional: es un proceso organizativo cuyo fin es mediante **la prevención, disuasión, detección, evaluación, retardo, reacción, restitución de la normalidad y acción de "Feed Back"**, evitar o disminuir las pérdidas que se produzcan como consecuencia de las acciones u omisiones hostiles contra el Patrimonio de una Organización.

1.2.- Nociones Generales.

Por lo tanto, atendiendo a este último punto de vista de definición de la seguridad, resulta que ésta se consigue, o evitan y disminuyen los daños, por medio de estas funciones que debe poseer un sistema de protección:

-La Prevención: Como por ejemplo, mediante la puesta en práctica de medidas de seguridad organizativas, tales como Planes de Emergencias y Evacuación, Prevención de Riesgos Laborales, Planes Integrales de Seguridad, etc.

-La Disuasión: Por medio de la inducción al agente dañino a desistir de su propósito.

-La Detección: Poniendo de manifiesto la presencia o existencia de agentes dañinos.

Por medio de:

-La Discriminación: Distinguiendo el estímulo descubierto de otros similares que no afecten negativamente al bien.

-La Identificación: Reconociendo a qué tipo de agente dañino, emergencia o daño corresponde el estímulo descubierto.

-La Verificación: Comprobando la veracidad del estímulo descubierto.

-La Localización: Determinando el momento y el lugar en el que se encuentra el estímulo descubierto.

-La Notificación: Confeccionando la noticia que contenga la información que debe conocer el órgano de decisión.

-La Evaluación: Como explicación somera de este concepto, desde el principio de que no es lo mismo prevenir daños de un huracán en Cantabria que en el Golfo de Méjico y de que no es rentable matar moscas a cañonazos, en todo Plan de Seguridad Integral es preciso hacer una identificación de amenazas que pudiesen manifestarse contra el bien, una vez que existe el riesgo a que dicha amenaza se materialice. La llamada evaluación de riesgos.

Lo que se consigue con ello no sólo es identificar las amenazas, sino también la probabilidad de que se ponga de manifiesto. Existen distintas metodologías para la realización en materia de Análisis y Evaluación de Riesgos, si bien, a forma de cultura de la seguridad, los más utilizados son los Métodos Mósler y Cuantitativo Mixto.

Con ello, una vez evaluadas las amenazas y su probabilidad de concurrencia, se podría poner en marcha la primera de las funciones: La Prevención.

Una vez aplicada ésta, La Prevención, se realizaría otra evaluación de riesgos, en este caso de carácter residual, en el que se nos mostraría los valores tanto a nivel de amenazas como de probabilidad de concurrencia, así como la disminución del daño, tras aplicar las medidas preventivas.

-El Retardo: Dificultar el proceso del agente dañino, de forma que lo haga lo más lentamente posible.

-La Reacción: Actuar sobre el bien o sobre los agentes dañinos causales una vez que ambos entran en contacto con el objeto de conseguir que los daños producidos sean los menores posibles.

Por medio de:

-La prohibición: Impidiendo la acción en contra del bien.

-La neutralización: Debilitando el efecto adverso sobre el bien.

-La Extinción: Impulsando a que cese la acción adversa en contra del bien.

-La Restitución de la normalidad: Consiste en actuar sobre el bien una vez que se ha producido el daño, con el objeto de devolverlo a su estado original.

-Y el Feed Back: ni más ni menos que la comunicación.

Una vez definidas las funciones con las que debe contar nuestro sistema de protección, hay que hacerlo con los términos *Protección y Defensa*, compilándose cada una de dichas funciones en uno u otro término, o en ambas (*la disuasión y la prevención*), como se muestra:

-Protección: Son todas aquellas acciones que mediante la *disuasión, prevención, detección, evaluación y retardo*, persigue evitar las posibles pérdidas producidas por un factor de riesgo. Son las acciones tomadas antes de, o durante, la manifestación del agente dañino.

-Defensa: Son todas aquellas acciones que mediante la *disuasión, prevención*, reacción, restitución y feed back, tiene como Objetivo evitar o minimizar, en su caso, las pérdidas producidas por un factor de peligro o, en el mismo caso, de daño. Son las acciones tomadas "después de" la acción del agente dañino.

Por lo tanto, como conclusión a los conceptos vistos hasta ahora:

1.3.- Seguridad Individual y Seguridad Colectiva.

Con relación a las necesidades individuales del hombre, se establece una jerarquía de éstas, de tal manera que su comportamiento estará mediatizado por satisfacerlas, sin que influyan, en dicha jerarquización de necesidades, aquellas de orden colectivo.

Dentro de esas necesidades básicas, se encuentra la seguridad y la estabilidad, entre otras como las fisiológicas, pertenencia al grupo, de dignidad, etc.

El ser humano sólo trata de satisfacer necesidades colectivas cuando ha logrado las individuales.

En gran parte por dicha priorización, por un lado la seguridad colectiva tiene por objetivo la protección simultánea de la sociedad en general, y bienes o personas expuestos a un determinado riesgo, es decir, tendentes a garantizar los intereses generales, y que se lleva a efecto por medio de las Fuerzas y Cuerpos de Seguridad, del Estado, de las Comunidades Autónomas y de las entidades locales.

Por otra parte, la seguridad individual tiene por objetivo proteger a un bien o persona frente a agresiones externas, de cualquier tipo, que puedan presentarse en el desempeño de una actividad empresarial, económica, laboral, ámbito privado, etc., con carácter complementario a la seguridad colectiva, se ha establecido en España la Seguridad Privada, que se sostiene con fondos particulares para proteger dichos intereses privados.

En definitiva, la seguridad ciudadana como protección del ejercicio de derechos y libertades tiene dos vertientes diferenciadas: La seguridad pública y la seguridad privada, y la combinación de ambas.

1.4.- La Inseguridad.

Partiremos de la premisa de que la seguridad absoluta no existe, indudablemente.

Sin embargo, deberemos de tener en cuenta que el fenómeno del delito se ha convertido en la principal preocupación de los ciudadanos y aun sin negar la proliferación de éstos, se agranda mucho más de lo que es en realidad, en gran medida por axiomas como la acción de los medios de comunicación y redes sociales, así como la insatisfacción general por la lentitud de la aplicación de la justicia, etc.

Para buscar una definición ajustada de inseguridad, además de lo anterior, se debe tener en cuenta que la realidad objetiva en el ser humano existe, se quiera o no, con la influencia de importantes dosis de subjetividad.

La objetividad llega a nuestro cerebro por medio del siguiente proceso:

-La sensación: Se trata de la captación de la información en relación a nuestros sentidos, siendo, éstos, los primeros que tienen conocimiento de ella.

-La percepción: Cuando la información nos llega, ésta es asumida, es decir, interpretada de acuerdo con las propias creencias, convicciones, habilidades, circunstancias o intereses.

-El ámbito neo ético: La información se interpreta y es sometido al análisis reflexivo y racional, pudiendo, posteriormente, emitir opinión al respecto.

Con todo ello, no cabe duda que existen *dos tipos de inseguridad*:

-La que se siente, *subjetiva*: La inseguridad que percibimos como suma de nuestras sensaciones, interpretaciones, insatisfacciones y, como resultado de ello, nuestra realidad de seguridad, es decir, la duda de la existencia de menor seguridad de la que realmente existe, dicho de otro modo más sencillo, realidad que no confluye, generalmente, con la posibilidad de sufrir un delito en la vía pública.

-La que se padece, *objetiva*: Sin más paliativos, aquella que reflejan las autoridades policiales y judiciales, en las estadísticas delincuenciales.

1.5.- Inadaptación, Marginalidad y Delincuencia: Clases de Delincuencia.

Cuando un sujeto no está en relación con su entorno, por no satisfacer éste sus necesidades biológicas o sociales, se dice que ese individuo se encuentra inadaptado.

El inadaptado es una figura activa, que decide mantenerse al margen de las normas por decisión propia.

Las sociedades modernas tienen un gran número de normas, sin que ninguna de ellas esté ligada o unida claramente.

El inadaptado manifiesta una conducta distinta respecto al comportamiento considerado normal, dentro del contexto social en el que vive.

Los grupos marginales son grupos minoritarios, formados a consecuencia de no haberse podido alcanzar sus cotas mínimas económicas, culturales, laborales, que poseen el resto de los componentes sociales.

La marginación es una situación en la que se encuentra el individuo casi siempre de forma pasiva, al margen de su propia decisión y de sus propios intereses.

La delincuencia es una de las formas más sobresalientes de desviación social, ya que representa una violación de las normas grupales, o leyes, contra el grupo que ejerce su sanción punitiva.

Un delito es un comportamiento que, ya sea por su propia voluntad o por imprudencia, resulta contario a lo establecido por la ley. El delito, por lo tanto, implica una violación de las normas vigentes, lo que hace que merezca un castigo o pena.

Day *dos clases de delincuencia*, esencialmente:

-*Delincuencia menor*: Es comúnmente cometida por un individuo o, como mucho, dos, teniendo por objetivo la comisión de un delito que podría ser desde un delito leve hasta uno grave. La característica de este tipo de delincuencia es que no es cometida por bandas, no existe una gran planeación en los hechos delictivos o no se opera a gran escala. Es la más común, por popular, la que vemos casi a diario y a la que le tenemos más miedo, como por ejemplo:

-Asalto a transeúntes.

-Carterismo.

-Violación

-Robo de bienes y artículos menores.

-Robo de vehículos.

-Vandalismo.

-Grafitis en muros y monumentos.

-La otra gran división es la ***Delincuencia organizada***: Es la delincuencia colectiva que instrumentaliza racionalmente la violencia institucional de la vida privada y pública, al servicio de ganancias empresariales con rapidez. Es la realizada por tres o más personas y que existe durante cierto tiempo y actuando con el propósito de cometer uno o más delitos tipificados con miras a obtener, directa o indirectamente, beneficio económico o de orden material.

Algunos de los delitos que se comenten en este tipo son: tráfico de drogas, migración ilegal, tráfico de seres humanos, pornografía infantil, extorción, fraude, falsificación, robo con fuerza, tráfico de coches, etc.

La otra gran clasificación de la delincuencia es la siguiente:

-La Delincuencia Circunstancial: Es la comisión de delitos o crímenes por parte de personas comunes y corrientes, que, de la noche a la mañana, se ven envueltos en hechos delictivos determinados por el contexto y las circunstancias. En esta categoría no existe planificación, ni premeditación, no obstante la delincuencia circunstancial se diferencia de un accidente, porque en ella pueden establecerse elementos de Juicio que pueden ser agravantes de responsabilidad criminal, como el dolo o la intención con la que se comete, contumacia y la alevosía, en ensañamiento con el que se comete, etc.

También influyen una serie de variantes o ambientales como son tiempo, espacio y las variables personales como es comportamiento, respuestas físicas, expresiones verbales o no verbales, que al relacionarse con terceros provocan desenlaces conductuales tipificados por la ley como delitos o crímenes.

Ejemplos de la delincuencia circunstancial son:

-Atropellos en estado de ebriedad.

-Agresiones de género.

-Homicidio por defensa propia.

-Evasión tributaria particular.

-Conatos o riñas con resultado de muerte.

-Algunos tipos de abuso sexual.

-Violación de las leyes de tráfico, etc.

-La Delincuencia Instrumental: Es la expresión más común y guarda directa relación con los delincuentes crónicos, de carrera u oficio, cuya forma vivir y de ser no coincide al respecto de los parámetros que fija la ley. La conducta delictiva es concebida como medio que sirve para lograr la consecución de bienes materiales que de otra manera, o bajo las normas que dicta la ley, serían imposibles de lograr o conseguir.

Ejemplos de la delincuencia instrumental son:

-La delincuencia común

-La delincuencia de *"cuello blanco"* y corbata.

-El crimen organizado.

-Corrupción policial, política, judicial o de funcionarios públicos.

-Los sicarios.

-El narcotráfico.

-La Delincuencia Expresiva: Corresponde a una categoría de delitos o crímenes determinados por disfunciones psicopatológicas. Por lo tanto, su estricta atribución, es individual, es decir, de persona a persona y no es aplicable a organizaciones. Se reconoce como cuando quien al momento de cometer un delito o crimen, incurre en la exageración o desproporción irracional entre la forma delictiva y el logro de objetivos.

Algunos ejemplos de la delincuencia expresiva son:

- -Asesinos y agresores seriales.

- -Asesinos de masas.

- -Feminicidas.

- -Terroristas.

- -Racistas.

- -Agresores, estafadores, abusadores y violadores seriales.

-La Delincuencia Juvenil: Estos delitos son cometidos por jóvenes o menores de edad. Este tipo de delincuencia suele recibir gran atención de los medios de comunicación y políticos. Es así porque el nivel y los tipos de crímenes juveniles. Además, pueden y suelen ser utilizados por los analistas y los medios como un indicador del estado general de la moral y el orden público en un país y, como consecuencia, son fuente de alarma.

1.6.- El Sistema Integral de Seguridad.

En esencia una integración de sistemas de seguridad permite el control centralizado de todos los distintos subsistemas de seguridad, mejorando su eficacia y coordinación, así como la optimización de los costes y recursos necesarios.

Por tanto, como se deduce, la definición de un sistema de seguridad integral, a grandes rasgos, es aquel que se compone de subsistemas que responden a las diferentes funciones de seguridad requeridas, pudiendo centralizar subsistemas tales como control **de accesos, sistema anti intrusión, circuito cerrado de televisión, detección y extinción de incendios, etc.**

La principal ventaja que ofrece es la reducción de los tiempos de respuesta ante una señal de alarma, además de la simplificación de uso, su adecuación a la actividad y la posibilidad de ampliación, en caso necesario, sin olvidar su fiabilidad.

Por ello, dentro del concepto, desde un punto de vista de seguridad funcional, el sistema integral de seguridad será el proceso organizativo que tiene como fin, mediante las funciones de todo sistema de seguridad como son la *prevención, disuasión, detección, evaluación, retardo, reacción, notificación y restablecimiento a la normalidad*, evitar o disminuir las pérdidas que puedan producirse como consecuencia de acciones u omisiones hostiles, con el objeto de integrar los distintos subsistemas de seguridad y, por tanto, facilitar los tiempos de respuesta, mejorar su efectividad y coordinación, así como optimizar los recursos.

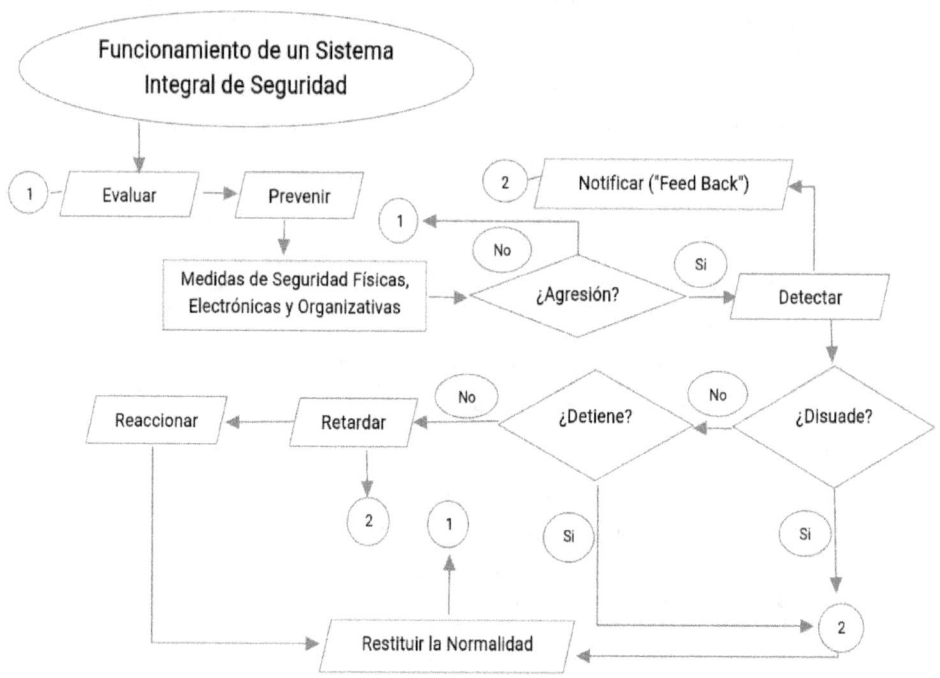

(Diagrama de Flujo sobre el funcionamiento de un Sistema Integral de Seguridad)

1.7.- Teoría Esférica de la Seguridad.

Como comienzo en la explicación de ésta, empezaremos con la misma, pero en plano, es decir, con la Teoría de los Círculos Concéntricos, en la cual se basa aquella.

Es un concepto esencial, y se entiende por tal una seria de medidas de protección cada vez más restrictivas, conforme nos aproximamos al objeto de nuestra protección, que se encuentra dentro.

Se trata de trazar, alrededor de dicho objeto de nuestra protección una serie de círculos concéntricos imaginarios en cuyo centro está éste.

En cada círculo, o esfera en caso de la Teoría Esférica, hay unos elementos humanos, físicos y electrónicos de protección, en los cuales se va aumentando las medidas de seguridad y éstas van siendo más restrictivas conforme se va traspasando los círculos, o esferas, y nos vamos aproximando hacia el centro.

Está formado por tres círculos concéntricos:

- -Primer Círculo o Núcleo.
- -Segundo Círculo o Zona Intermedia.
- -Tercer Círculo o Zona Perimetral.

El tercer círculo de seguridad, lo denominamos como el perímetro, que es el límite exterior de la instalación, persona o bien, a proteger. Normalmente delimitado por:

- -Medios Físicos: Muros, vallas, etc.
- -Medios Electrónicos: CCTV, detectores perimetrales, etc.
- -Medios Humanos: Rondas, puestos de vigilancia, controles de accesos, etc.

El segundo círculo de seguridad, también denominada zona intermedia, está situada entre el perímetro y el núcleo. El movimiento y permanencia de personal y vehículos debe ser regulado. Normalmente se adoptan las siguientes medidas de seguridad:

- -Medios Físicos: Muros, vallas, etc.
- -Medios Electrónicos: CCTV, detectores de exteriores, enterrados, etc.
- -Medios Humanos: Rondas, patrullas que controlen toda el área, etc.

El primer círculo de seguridad, denominado núcleo, es donde se encuentra el objeto de protección. Es el área de máxima protección: el acceso y permanencia en la misma está especialmente controlado y suele ser restringido únicamente para personal expresamente autorizado. La zona está delimitada por las siguientes medidas:

- -Medios Físicos: Puertas y cristales blindados, cajas fuertes, cámaras acorazadas, etc.
- -Medios Electrónicos: CCTV, detectores volumétricos o de interior, etc.
- -Medios Humanos: Puestos de vigilancia, control de permanencia, Escoltas Privados, etc.

Pero, si bien hemos empezado en plano, la seguridad no puede preocuparse estrictamente en ese concepto, sino que debe de tratar de cubrir las tres dimensiones de posibles agentes dañinos, aunque incidiendo en la importancia del plano horizontal por su asequibilidad.

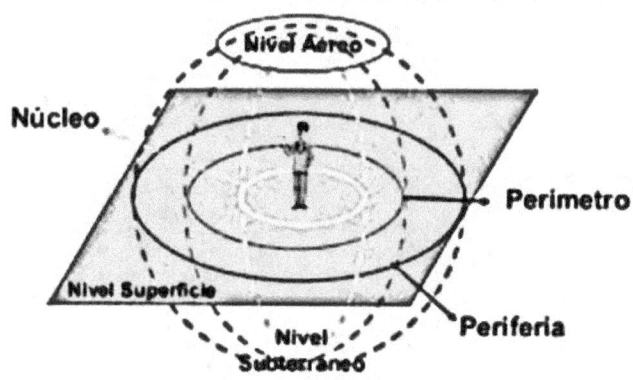

(Descripción gráfica de la Teoría Esférica de Seguridad)

1.8.- Zonas y Áreas de Seguridad.

Todas las partes de un edificio, vivienda, nave, etc., requieren unas medidas especiales de seguridad, dado que están en relación con las personas o bienes que pueden ocuparlas. Estas medidas pueden ser más o menos exhaustivas, pero todas específicas para cada situación.

Podemos acotar varias zonas de seguridad para un mismo objetivo, en función de la mayor o menor necesidad de protección y peligrosidad del momento, posterior del correspondiente análisis y evaluación de riesgos, así como del establecimiento de los correspondientes planes de seguridad.

Zona es el conjunto del lugar que se debe proteger, constituido por dicho edificio, vivienda, nave, etc..., su perímetro y su entorno más próximo.

Área de Seguridad, es aquella parte concreta del edificio, vivienda, nave, etc..., que exige unas medidas de seguridad más específicas.

Teniendo en cuenta la explicada Teoría Concéntrica de la Seguridad, existen los siguientes "círculos":

-*Área de Influencia*: Exterior al área de exclusión desde el que resulta factible la realización de acciones contra la integridad del objeto de nuestra protección pero que no pertenece al edificio, vivienda, nave, etc...

-*Área de Exclusión*: Exterior al área protegida que, debidamente señalizada, es de utilización restringida o acceso limitado. El espacio pertenece al edificio, vivienda, nave, etc...

-*Área Protegida*: Delimitado por barreras físicas y de acceso controlado, en el que se ejerce un cierto control sobre movimientos y permanencia.

-*Área Crítica o Vital*: Delimitado por barreras físicas perteneciente al área protegida, cuyo acceso y permanencia son objeto de especiales medidas de control. El movimiento en su interior está controlado estrictamente.

-*Zona Controlada*: Podemos considerarla como el espacio resultante de reunir las áreas protegida y vital o crítica.

-*Zona Restringida*: Se considera, en general, cualquier espacio en el que el acceso al mismo esté sujeto a restricciones específicas o a acciones de control por razones de seguridad o salvaguarda de personas o bienes.

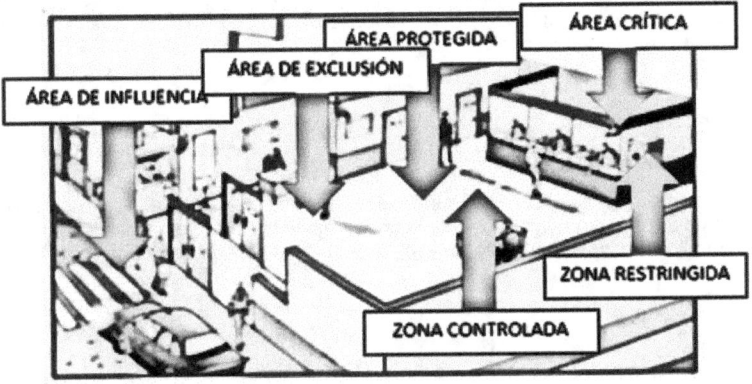

(Descripción gráfica de zonas y áreas de seguridad)

TEMA 2. Los medios técnicos de protección (I). Elementos pasivos: La seguridad física. Sistemas de cierre perimetral. Muros, vallas, puertas, cristales blindados, esclusas y otros elementos. Fiabilidad y vulnerabilidad al sabotaje.

2.1.- Los Medios Técnicos de Protección (I):

En primer lugar, conviene tener un concepto básico de qué significan Medios Técnicos de Protección y aquellos riesgos básicos a los que están destinados a reducir:

Se podría definir como todos aquellos dispositivos, materiales, equipos y sistemas que pueden ser empleados por el componente humano del Sistema de Protección y Defensa, para, mediante el empleo de una serie de medidas de optimización y coordinación entre ambos, evitar o al menos minimizar los resultados del acaecimiento de un factor de riesgo. Generalmente podemos distinguir entre medios técnicos utilizados para reducir la probabilidad o las consecuencias del acaecimiento de factores de riesgo consecuencia de:

- -Incendios
- -Actividades sociales
- -Actividades antisociales:

> Para aclarar el ámbito de la Seguridad tratada en este texto, se procederá a reseñar y estudiar someramente, los medios comúnmente más empleados para prevenir aquellos riesgos consecuencia de actividades antisociales. Entre los principales podríamos citar:

- -Robo
- -Hurto
- -Atraco
- -Atentado
- -Secuestro
- -Sabotaje
- -Vandalismo
- -Acceso indebido a información
- -Alteración desautorizada de información

En general, los medios técnicos de protección se dispondrán directamente relacionados con los tipos de riesgo y amenazas ante los que han de enfrentarse, atendiendo a la previa evaluación de éstos y de acuerdo con la decisión final al respecto de la asunción, traspaso o reducción de estos riesgos y sus correspondientes amenazas.

La clasificación más extendida de Medios Técnicos de Protección, es aquella que distingue entre **Medios de Protección Pasivos** y **Medios de Protección Activos**.

2.2.- Elementos Pasivos: La Seguridad Física.

Son el conjunto de elementos y sistemas de tipo físico o con soporte mecánico pertenecientes al Sistema de Protección y Defensa, tendentes a ofrecer la seguridad adecuada al Bien o Bienes determinados, presentando un obstáculo o impedimento al agente agresor.

Fundamentalmente desempeñan funciones de prevención, disuasión y retardo del agente dañino. A su vez, podemos dividir los medios técnicos pasivos en dos grandes grupos, que son los siguientes:

-*Medios físicos*: materiales, elementos y sistemas de carácter pasivo que se utilizan como protección básicamente arquitectónica y no móvil practicable.

-*Medios mecánicos*: elementos, dispositivos y sistemas de carácter pasivo que se utilizan como protección básicamente arquitectónica y móvil practicable.

2.3.- Sistemas de cierre perimetral. Muros, vallas, puertas, cristales blindados, esclusas y otros elementos. Fiabilidad y vulnerabilidad al sabotaje.

2.3.1.- Muros:

El empleo de muros como medio de protección contra intrusión es una de las formas más clásicas y básicas. Siempre que los materiales empleados, su grosor y su cimentación sean los correctos, ofrece una extraordinaria solidez, y su resistencia y retardo ante su superación es muy superior al que presenta un vallado, especialmente si nos referimos a vulneración por debajo, por perforación y, obviamente, por abatimiento.

En lo referente a su paso por encima, se hace necesario establecer la conveniencia de una altura no inferior a 3 metros así como la ausencia de irregularidades en la cara exterior que puedan servir como apoyos en una escalada.

La forma de la parte superior también influye en la facilidad que presenta el muro para su superación, por su parte superior. Un acabado curvo dificultará tanto el empleo de arpeos u otros elementos de enganche como la coronación final del obstáculo.

El empleo de bayonetas con alambre de espino es uno de los recursos más eficaces para potenciar la acción retardadora del muro. No se debe olvidar de las aperturas, las condiciones de resistencia tanto de las propias puertas como de los anclajes y cerraduras de las mismas deben ser por lo menos iguales a las del resto del muro.

2.3.2.- Vallas:

La valla exterior o perimetral constituye uno de los elementos más extendidos de protección pasiva. Ofrece múltiples ventajas al usuario potencial a un precio muy asequible, permitiendo grandes desarrollos lineales. Para que la valla cumpla con sus funciones básicas, ésta debe cumplir una serie de condiciones mínimas. La más importante es que no debe contener ningún punto de discontinuidad, la cobertura debe ser uniforme en todos sus puntos, y las características de resistencia de los elementos abatibles que permitan el acceso al terreno delimitado deben ser por lo menos iguales, a las del resto del vallado. Los principales elementos que conforman un vallado son los que se relacionan a continuación:

-Base: es el elemento estructural, generalmente hecho mediante hormigón armado, que sirve de soporte para la sujeción de los postes del vallado. De no existir esta base de hormigón, se debe, de cualquier otro modo, fijar la parte inferior del vallado al terreno, con objeto de impedir la vulneración del mismo por su parte inferior.

-Postes: el vallado necesita una serie de perfilería metálica vertical que sirva como sustentación a la malla del vallado. Los postes deben tener, como mínimo, un espesor de 3 mm y un diámetro de 6 cm. rondando su separación los tres metros.

-Malla: es el elemento estructural que proporciona el cierre propiamente dicho al vallado. Además de a los postes la malla debe estar anclada a la base de hormigón.

La malla más empleada es la de torsión, siendo menos habitual la electrosoldada. La de torsión está formada por hilo, normalmente galvanizado, no inferior a 2,5 mm de diámetro.

En cuanto a la malla electrosoldada, se compone de varilla de 5 mm de espesor, en módulos de diferente tamaño que se une mediante los postes anclados a la base.

-Elementos practicables: son todas aquellas puertas y dispositivos móviles que permiten el paso a través del cerramiento.

En todo caso la valla deberá ir coronado por un refuerzo del cerramiento que puede tener formas de desarrollo más o menos complejas. La bayoneta, en sus diferentes formas, representa la más usual.

La bayoneta, que además de en valla suele emplearse también con asiduidad en muros, es un obstáculo complementario para ambos, que dificulta la superación superior de cualquiera de ellos.

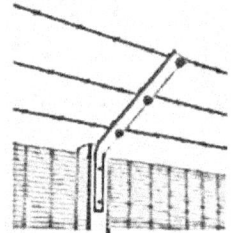

Consiste en la instalación de una serie de postes de alrededor de 50 cm de largo, sobre los postes de la valla o sobre la parte superior del muro, dejando entre ellos la distancia habitual de 3 m, y tendiendo entre ellos un mínimo de tres líneas de alambre de espino.

Su forma más normal es la de bayoneta sencilla, con una inclinación de 45 gados hacia la parte exterior del área protegida. Otra manera que ofrece mayor retardo en su paso es el empleo de bayoneta doble, con apertura de las mismas hacia ambas áreas. En este último caso se puede complementar con rollos de concertina colocados en la parte superior del obstáculo.

2.3.3.- Puertas:

Si bien en **Otros Elementos** se tratarán Puertas y Portones, más específicos y habituales para la protección perimetral, se señalarán en el presente apartado puertas, tanto blindadas como acorazadas, por su importancia y la existencia de grados de seguridad para ellas, no descartables para la protección perimetral, pero siendo éstas de mayor aplicación en protección periférica, en función a la situación del núcleo de protección.

Antes de comenzar se hace necesario establecer cuál es la diferencia entre puertas blindadas y acorazadas, que si bien es cierto que presentan algunas similitudes, son mayores las diferencias que poseen a nivel técnico y respecto a la seguridad que ofrecen.

Las puertas acorazadas presentan un nivel de seguridad muy superior al de las blindadas. Se emplean materiales de superior resistencia y son utilizadas normalmente en cajas fuertes o cámaras acorazadas. Mientras que las puertas blindadas tienen un mayor ámbito de aplicación, incluso hasta a nivel doméstico.

Veamos ahora cuales son los componentes principales que podemos encontrar en una puerta acorazada o blindada:

- -Marco de la puerta.

- -Hoja: elemento móvil que constituye la base del cerramiento y que alberga los materiales de defensa y dispositivos de cierre y seguridad.

- -Reja interior.

- -Sistemas de anclaje: elementos que tienen como función la integración entre la hoja y el marco, y entre éste y el muro o tabique.

- -Pestillería.

- -Cerraduras.

- -Sistemas de bloqueo: dispositivos de seguridad incorporados entre la pestillería que provoca el bloqueo de ésta ante un ataque.

En la fabricación de *Puertas Acorazadas*, que debido a su gran peso suelen ser casi con exclusividad de tipo pivotante, esto es, que el movimiento de su hoja se realiza sobre un eje, y de colocación empotrada, ya sea éste vertical, lateral o central, se emplean diversos materiales, ya sea con base en aceros tradicionales, aceros de alta resistencia, en los que se añaden compuestos especiales que proporcionan mayor protección, incluso ante ataques con soplete o lanza térmica, hormigones normales, de alta resistencia o de fibras, en el que se intercalan fibras plásticas o metálicas, incrementándose en gran medida su resistencia ante ataques, o por último mediante armaduras hechas a base de diferente perfilería de acero.

En lo que se refiere al grado de seguridad que ofrecen las puertas acorazadas, nos remitimos a la norma UNE-EN 1143-1. Esta norma hace alusión la los grados de seguridad de unidades de almacenamiento de seguridad, los requisitos constructivos, su clasificación en función a su resistencia así como a los métodos de ensayo a los que son sometidos para dicha resistencia contra el robo.

Sólo como nota, y con el único objetivo de un adecuado entendimiento del alumno, indicaremos algunos grados de seguridad y los correspondientes ataques a los que son resistentes en base a la citada norma:

Grado 1: El ladrón intenta entrar utilizando herramientas pequeñas y sencillas y la violencia física como patadas, embestidas con el hombro, elevación o arrancamiento. El ladrón normalmente no sabe cuál será su botín y el riesgo que está dispuesto a asumir es bajo. Suele ser un ladrón ocasional.

Grado 2: El ladrón intenta entrar utilizando herramientas sencillas como destornilladores, alicates, uñas, pequeñas sierras manuales para atacar rejas y bisagras visibles. El ladrón no suele conocer el botín que le espera y el riesgo que asumirá será bajo. Suele ser un ladrón ocasional.

Grado 3: El ladrón trata de entrar utilizando una barra de uña, un destornillador adicional y herramientas manuales como un pequeño martillo, punzones y un taladro mecánico. El ladrón normalmente desconoce el posible botín y el riesgo que está dispuesto a asumir es medio.

Grado 4: El ladrón, es un ladrón habitual y con práctica. Usa un martillo pesado, hacha, cinceles y un taladro motorizado que funciona con una batería. El ladrón espera un botín razonable, no está tan preocupado por el nivel de ruido. El riesgo que está dispuesto a asumir es mayor.

Grado 5: El ladrón es experimentado y utiliza herramientas eléctricas como taladros, sierras de espadín y una amoladora de angular. El ladrón espera un botín razonable y actúa de forma resolutiva en su esfuerzo por entrar y está bien organizado. Le preocupa poco el nivel de ruido y el riesgo que está dispuesto a asumir es alto.

Grado 6: El ladrón está bien organizado y tiene experiencia. Usa una piqueta, potentes herramientas eléctricas como taladros, sierras de espadín y una amoladora de angular. El ladrón espera un buen botín, actúa de forma resolutiva y el riesgo que está dispuesto a asumir es alto.

En lo que se refiere a *Puertas Blindadas*, éstas permiten una mayor variedad en cuanto a colocación y movimiento de las mismas, ya que es habitual encontrarlas adosadas, no solamente empotradas, y su menor peso facilita el adecuar su apertura a las condiciones del usuario. De esta manera además de las ya explicadas puertas pivotantes, existen en el mercado puertas blindadas suspendidas, en las que el movimiento de su hoja se realiza sobre guías de deslizamiento vertical o vertical - horizontal, o puertas deslizantes, en las que las guías de deslizamiento son horizontales.

En cuanto a los materiales empleados en su fabricación, se suelen emplear los siguientes, ya sea como componente estructural o de acabado y/o protección superficial:

-Maderas: con la condición de que sean macizas y duras.

-Metales: normalmente aceros, en perfilería o laminados.

-Materiales sintéticos: en paneles o en laminado.

-Materiales combinados: que permite sumar las virtudes de componentes.

Si bien, como se dijo, éstas son de mucha utilización en uso doméstico, en las aplicaciones de seguridad, en lo referente a los distintos grados de resistencia que deben cumplir, éstas se atienen a lo que dispone la norma UNE-ENV 1627, para ventanas, puertas, persianas y su resistencia a la efracción, así como sus requisitos constructivos y la clasificación de sus grados de resistencia.

También, sólo como nota, indicamos varios grados de resistencia marcados por la norma, y la gama de herramientas a la que resiste el ataque, en función a dicho grado:

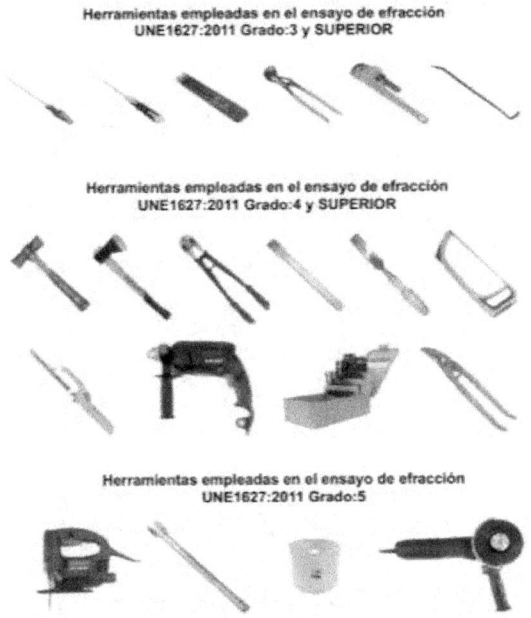

Herramientas empleadas en el ensayo de efracción
UNE1627:2011 Grado:3 y SUPERIOR

Herramientas empleadas en el ensayo de efracción
UNE1627:2011 Grado:4 y SUPERIOR

Herramientas empleadas en el ensayo de efracción
UNE1627:2011 Grado:5

(Ejemplo de grados Norma 1627 y gama de herramientas a los que son resistentes a su ataque)

Como colofón, y para finalizar, no conviene olvidar que el colocar una puerta blindada no ofrecerá ninguna seguridad adicional, si ello no conlleva el reforzamiento de elementos que pueden pasarse por alto, como pueden ser las propias bisagras, que deberán soportar un peso muy superior al normal, el marco de la puerta, que además de aguantar el peso de ésta, debe ser capaz de hacer frente con la misma eficacia que la propia puerta a cualquier tipo de ataque, o por último el muro.

2.3.4.- Cristales Blindados, o Blindajes Traslúcidos:

Son muy utilizados y sus materiales básicos de fabricación son bien vidrio, bien compuestos sintéticos como los policarbonatos, macrolón, etc. Los productos de protección pueden a su vez estar formados en su totalidad por uno de estos materiales o por combinación de varios de ellos, formando capas que aporta cohesión y mejora las prestaciones ante un ataque, al sumarse las características de los distintos componentes.

Pero, atendiendo a la aplicación de seguridad para los que sean utilizados, los niveles de resistencia de los cristales atenderán a los grados que marquen distintas normas.

Si fuesen cristales destinados al cerramiento traslúcido, como podría ser un escaparate, se atendrían a lo establecido en la norma UNE EN 356, que marca, por medio de sus ensayos, a la clasificación de la resistencia de éstos a los ataques manuales.

Un ejemplo práctico:

Imaginemos que se trata de la instalación de un cristal de estas características en el escaparate de una joyería. Tal y como marca la Orden INT/317/2011, sobre medidas de seguridad privada, para estos elementos, se le es de exigencia que posean un grado de resistencia P6B de la citada norma. Ello significa que los cristales contarían con una resistencia contra la agresión con martillo y de 30 a 50 golpes de hacha sin abrirse paso.

Otros ejemplos de ensayo para el cálculo de la resistencia:

El ensayo de caída de bola que sirve para clasificar los 5 niveles de la clase A se realiza dejando caer, 3 ó 9 veces, desde el reposo una bola de acero de 4,110Kg y 100mm de diámetro sobre una probeta de vidrio de dimensiones 1100mmx900mm sin defectos en los bordes desde diferentes alturas y cuyos impactos formen un triángulo. Estas alturas son para cada clase las siguientes:

P1A: 3 impactos en triangulo desde 1500mm de altura.

P2A: 3 impactos en triangulo desde 3000mm de altura.

P3A: 3 impactos en triangulo desde 6000mm de altura.

P4A: 3 impactos en triangulo desde 9000mm de altura.

P5A: 9 impactos en triangulo desde 9000mm de altura.

P6B: impacto con martillo y de 30 a 50 golpes de hacha sin abrir paso.

P7B: impacto con martillo y de 51 a 70 golpes de hacha sin abrir paso.

P8B: impacto con martillo y 71 o más golpes de hacha sin abrir paso.

Si, por el contario, fuesen cristales de seguridad destinados al blindaje de balas disparadas con arma de fuego, los comúnmente llamados cristales anti baja, será de aplicación aquellos ensayos y su correspondiente clasificación de la norma UNE EN 1063.

Otro ejemplo práctico:

A la hora de la construcción de un vehículo blindado para el transporte de fondos, tal y como establece la Orden INT/314/2011, sobre empresas de seguridad privada, como veremos en el Tema 9, el cristal parabrisas de éste, para que cuente con el mismo grado de resistencia que el resto de su parte delantera, debe contar con una clase de resistencia BR5. Lo que significa que resistirá los impactos de un fusil del calibre 5.56 x 45 de la OTAN o rifle del mismo calibre 5.56.

Clase	Arma	Calibre	Distancia (metros)	Nº Impactos
BR1	Rifle	0.22 LR	10	3
BR2	Pistola	9mm luger	5	3
BR3	Pistola	0.357 magnum	5	3
BR4	Pistola	0.44 magnum	5	3
BR5	Rifle	5.56	10	3
BR6	Rifle	7.62	10	3
BR7	Rifle	7.62 piercing	10	3
SG1	Recortada	12 brenneke	10	1
SG2	Recortada	12 brenneke	10	3

(Clases de resistencia anti bala de la norma UNE EN 1063)

2.3.5.- Esclusas:

Una esclusa de paso es un conjunto de elementos fijos (mamparas, tabiques, etc.) y móviles (al menos dos puertas o compuertas), que no permite el contacto directo entre dos áreas adyacentes, o dicho con otras palabras, no permitirá que dos puertas se encuentren abiertas al mismo tiempo; excepción hecha para casos puntuales de salida o entrada en situación de emergencia.

Aunque este es un sistema que se suele utilizar con mayor frecuencia en controles de acceso de personas, normalmente asociado a algún sistema de detección como puede ser un arco detector de metales, se pueden también encontrar esclusas diseñadas para un control de accesos de vehículos y en menor medida de objetos.

En cuanto a los principales componentes de una esclusa, pasemos a continuación a enumerarlos y describirlos someramente:

-Estructura: armazón básico de la esclusa.

-Puertas: elementos móviles que permiten o impiden el paso.

-Empanelado: elementos fijos que constituyen su cerramiento perimetral.

-Cerraduras y bloqueos: sistemas de cierre de las puertas.

-Sistema de señalización: de estado y utilización de la esclusa.

-Dispositivos de emergencia: sistemas anti pánico de apertura rápida de puertas o paneles.

Estos componentes pueden considerarse imprescindibles en una esclusa, pero existen otros que se le pueden añadir y que permiten mejorar sus prestaciones, como pueden ser equipo CCTV, arco de detección de metales, equipo de intercomunicación, pasa objetos, compartimentos de custodia o lectoras de control de acceso.

Una ventaja que presenta el empleo de esclusas de paso es la flexibilidad que ofrece, ya que permiten adaptar su diseño a las características del control de accesos y de la zona a proteger. De esta manera, la disposición o configuración de la esclusa, puede estar encuadrada en uno de los siguientes tipos:

-Esclusa lineal: es la configuración más sencilla. Su ordenamiento está determinado por la colocación de las puertas, presentándose éstas de forma lineal. Puede colocarse en áreas de espacio reducido.

-Esclusa angular: la disposición de sus puertas forma un ángulo, generalmente de noventa grados a derecha o izquierda según necesidades o características del local o recinto...

-Esclusa mixta: es un tipo de esclusa más complejo, puesto que presenta la posibilidad de, por su ordenamiento lineal y angular, esto es, con puertas dispuestas enfrentadas y laterales, permitir el paso hacia dos zonas diferenciadas. Hemos atendido aquí a la colocación de sus puertas, si vemos ahora sus características de funcionamiento, nos encontramos con:

-Esclusa unidireccional: está diseñada para que sea utilizada en un solo sentido, esto es, bien para la entrada, bien para la salida. Dependiendo de las necesidades y del diseño del control de accesos, puede requerir la instalación de otra esclusa adicional.

-Esclusa bidireccional: esta configuración más compleja que la anterior, a la vez que más completa, ya que con una única esclusa podemos canalizar y controlar tanto el acceso como la salida. De esta manera no será necesario otro sistema para controlar el otro sentido de paso.

Ambas diferenciaciones entre esclusas atendiendo a su configuración son independientes, esto es, una esclusa de tipo lineal puede ser a su vez unidireccional o bidireccional, y lo mismo si nos referimos a la angular o a la mixta. Otra clasificación que se puede realizar con las esclusas, es aquella que atiende a la maniobra de la misma, es decir, el sistema de cierre que presentan sus puertas o elementos móviles.

En el caso de empleo en controles de acceso de personas, por otra parte el más extendido como ya se ha señalado, se utiliza los siguientes tipos:

-Pivotantes

-Abatibles

-Giratorias

-Deslizantes

-Correderas

En cuanto a la fabricación de una esclusa, esta puede realizarse totalmente en proceso industrial, como un sólo bloque, lo que ofrece una mayor conjunción de todos sus elementos, o puede fabricarse cada componente por separado, ensamblándose a posteriori en el lugar señalado, facilitando un mayor control sobre el diseño del sistema en su conjunto.

Uno de los aspectos más importantes, es el referido al nivel de seguridad que ofrece una esclusa, éste se establecerá según el de cada uno de los elementos que constituyen dicho sistema que denominamos esclusa. Como es normal, la mayor importancia recae sobre la resistencia a ataques y manipulaciones, si estas últimas son posibles, en puertas, cerraduras y empanelados.

Por último, recordar y hacer hincapié en los señalados con anterioridad, en lo referente a que con anterioridad a la decisión sobre el tipo, número, diseño, capacidades y nivel de seguridad de la esclusa sistema de ellas, es necesario un estudio pormenorizado de **diferentes parámetros, para una correcta adecuación de la esclusa a las necesidades** de cada caso. Entre estos factores que hay que analizar podemos destacar:

-Flujo o caudal: es decir, el número de elementos que han de circular por unidad de tiempo, sin olvidar que existirán picos de afluencia que el sistema debe admitir sin producirse su saturación).

-Condiciones del local: en cuanto a limitaciones de espacio, utilización del mismo o incluso impacto arquitectónico y estético. - necesidades de seguridad: que variarán dependiendo de las características del personal que va a circular por la esclusa, y de las particularidades del área a proteger.

-Orden de paso: con el establecimiento de prioridades en el funcionamiento de sus elementos circulantes.

2.3.6.- Otros Elementos.

2.3.6.1.- Cerraduras y Elementos de Cierre:

Como complemento a las puertas, en especial a las blindadas, cabe destacar las Cerraduras y Elementos de cierre:

Las cerraduras y otros mecanismos de cierre son dispositivos denominados de apertura y cierre que se componen de elementos maniobrables ya sea manualmente o mediante dispositivos electromecánicos o electromagnéticos, y que presentan especiales características de protección y seguridad. Esta función asegura el desplazamiento de uno o varios pestillos o elementos de cierre que se alojan en uno o varios cerraderos dispuestos a tal fin.

Entre los principales elementos de cierre que existen, nos podemos encontrar los siguientes:

-Cerradura propiamente dicha: sistema de cierre que lleva un mecanismo que se acciona bien manualmente, mediante la utilización de un accesorio móvil (llave, botón...), bien a distancia mediante un dispositivo técnico cualquiera. Esta función se asegura por el desplazamiento de uno o varios pestillos que se introducen a su vez en alojamientos correspondientes.

-Cerrojo o pasador.

-Aldaba.

-Fallebas.

-Candado.

Centrándonos en las cerraduras, y apartándonos de excesivos tecnicismos, en este campo cobra especial importancia el grado de seguridad que ofrece la cerradura, teniendo siempre en cuenta que la cerradura puede ofrecer protección ante dos factores de riesgo: el forzamiento, o robo con daños, en el cual se lleva a cabo un ataque que daña la cerradura de forma irreversible y que no puede ser ocultado al usuario autorizado y la manipulación, modo de ataque cuyo fin es desactivar la función de bloqueo sin causar daños perceptibles por el usuario. También hay que atender a la fiabilidad de la cerradura, es decir, su capacidad para funcionar y alcanzar los requisitos de seguridad establecidos tras un alto número de ciclos de esfuerzo.

La norma UNE-ENV 1300 se ocupa específicamente de las cerraduras de alta seguridad o CAS. Según la norma, aquella queda definida como cualquier ensamblaje independiente montado en puertas de unidades de almacenamiento de seguridad, en el que se puede insertar un código para compararlo con un código previo memorizado; si ambos coinciden se permite el desactivado de un mecanismo de bloqueo. Este código puede ser nemotécnico o material (credencial material), aunque también contempla el empleo de códigos biométricos.

Esta norma distingue entre dos tipos de CAS, las mecánicas, aseguradas únicamente mediante elementos mecánicos, y las electrónicas, aseguradas en parte o totalmente con elementos electrónicos o eléctricos. En cualquier caso, e independientemente del tipo de CAS que se trate, siempre contarán un mecanismo de bloqueo, que el componente que, tras la inserción del código de apertura correcto mueve, o puede ser movido, para bien asegurar una puerta o bien impedir el movimiento de los elementos de pestillería (p.ej. un pestillo ordinario), y un dispositivo de cerrado, que es aquel otro componente que posibilita o por el contrario impide el movimiento del mecanismo de bloqueo.

En cuanto a niveles de seguridad, la norma distingue entre cuatro niveles de seguridad, atendiendo a las condiciones que reúnen en cuanto a varios aspectos diferentes:

- -Número de registros retenidos de códigos de apertura
- -Número de códigos utilizables
- -Número Máximo de pruebas por hora
- -Resistencia a manipulación
- -Resistencia a robo con daños

2.3.6.2.- Puertas y Portones:

También como complemento, pero a muros y vallas, indicaremos Puertas y Portones, tanto para paso de personas y vehículos, más específicamente de protección perimetral:

Las puertas y portones tienen por objeto impedir momentáneamente el paso de vehículos, o personas, a áreas en las que se han de practicar los procesos pertinentes de restricción, en tanto no se cumplan las condiciones debidas y previas a dicha restricción, o durante los periodos de tiempo en el que el control no se encuentre activado.

Existen tres tipologías fundamentales, que ofrecen, a su vez, considerables posibilidades y variables: pivotantes, deslizantes y suspendidas.

Las puertas y portones pivotantes se basan en el empleo de una o dos hojas de giro sobre un eje vertical, cuyo mayor inconveniente es la necesidad de un espacio de separación, correspondiente a la apertura de la puerta. Comportan un gran número de variantes y, normalmente, deben impedir la visión a su través, así como cualquier elemento de ayuda para su escalada o acción sobre cierres, que deben estar enmascarados.

Las puertas deslizantes, de una o dos hojas, emplean igualmente un guía horizontal deslizante como base, sobre la que circula el portón hasta su ocultamiento o superposición de láminas. Suelen contar con cierre automático por contacto de las hojas y son las de mayor empleo en amplios accesos exteriores.

Finalmente, los portones suspendidos de uso normal sobre espacios cubiertos admiten tres variantes o tipologías básicas: basculantes, con una sola hoja que asciende sobre un eje horizontal elevador; enrollables, con una hoja igualmente, pero que se enrolla o pliega gracias a su material flexible; y, por último, las de guillotina, con una o dos hojas rígidas con desplazamiento -según modelos- ascendente, descendente o bidireccional.

2.3.6.3.- Bolardos:

En su versión rígida, suelen estar fabricados en hormigón armado o acero. En este caso son un medio técnico de seguridad física eficaz como complemento para cerramientos perimetrales opacos y, sobre todo, a cerramientos acristalados como escaparates, en especial, contra la técnica de ataque a estos últimos conocida como alunizaje.

En su versión abatible, o escamoteable, son utilizados en los controles de acceso de vehículos, por su propio poder de absorción de impactos ante los intentos de acceso indebido.

2.3.7.- Medios Técnicos de Protección Personal: Chalecos Anticorte y Antibala.

Dentro de los medios técnicos de protección pasiva, pero de protección personal, resultan eficaces los chalecos anticorte o antibala, en función a la agresión que sea probable recibir.

Tanto de una tipo como de otro, están compuestos por tres partes fundamentales: una parte llamada **paquete balístico**, siendo esta parte el blindaje propiamente dicho. Otro componente es el **anti golpe**, siendo todos los elementos adicionales del chaleco destinados a la amortiguación de los golpes para evitar lesiones cuando el paquete balístico es deformado. Por último, la **funda** fija todo el conjunto con el objeto de adecuarlo al portador.

Como cualquier otro elemento de protección física, éstos están sometidos a sus propios ensayos para determinar la resistencia contra las agresiones para los que han sido diseñados.

En lo que respecta la **los chalecos anticorte**, el estándar más utilizado es el desarrollado por el Comité Europeo de Normalización (CEN), en concreto la Norma CEN prEN ISO 14876. En ésta, esencialmente, detallan la energía que se debe ejercer, medido en Julios, con la que hay que atacar este elemento sin conseguir la penetración de la composición de la que está fabricado.

Nivel de Protección	Nivel de Energía E1	Máx. Penetración en E1	Nivel de Energía E2	Máx. Penetración en E2
1	15 joules	< 0.20 in (5 mm)/ < 0.39 in (10 mm)	25 joules	< 0.79 in (20 mm)/ < 1.18 in (30 mm)
2	25 joules	< 0.20 in (5 mm)/ < 0.39 in (10 mm)	40 joules	< 0.79 in (20 mm)/ < 1.18 in (30 mm)
3	40 joules	< 0.20 in (5 mm)/ < 0.39 in (10 mm)	65 joules	< 0.79 in (20 mm)/ < 1.18 in (30 mm)

Por su parte, *los chalecos antibala*, en su fabricación son utilizados materiales como, especialmente, el Kevlar. La ventaja de este material es que su resistencia a los impactos de bala es superior al acero y un peso muy inferior. Como contrapartida, pierde propiedades ante la exposición a la humedad y rayos ultravioleta.

NIVEL	PRUEBAS	MUNICIÓN	PESO CARTUCHO	VELOCIDAD BALA	TRAUMA
I	1	Calibre .22 LR	2.6 g/40 gr.	1080 ≈ 30 m / s (329 ≈ 10 m / s)	1.73 en mm (44)
	2	.380 ACP	6.2 g/95 gr.	1055 ≈ 30 m / s (322 ≈ 10 m / s)	1.73 en mm (44)
AI	1	9 mm	8.0 g/124 gr.	1120 ≈ 30 m / s (341 ≈ 10 m / s)	1.73 en mm (44)
	2	40 S & W	11.7 g/180 gr.	1055 ≈ 30 m / s (322 ≈ 10 m / s)	1.73 en mm (44)
II	1	9 mm	8.0 g/124 gr.	1205 ≈ 30 m / s (367 ≈ 10 m / s)	1.73 en mm (44)
	2	.357 Mag	10.2 g/158 gr.	1430 ≈ 30 m / s (436 ≈ 10 m / s)	1.73 en mm (44)
IIIA	1	9 mm	8.2 g/124 gr.	1430 ≈ 30 m / s (436 ≈ 10 m / s)	1.73 en mm (44)
	2	44 Mag	15.6 g/240 gr.	1430 ≈ 30 m / s (436 ≈ 10 m / s)	1.73 en mm (44)
CALIBRES MILITARES:					
III	1	7,62 mm OTAN	9.6 g/148 gr.	2780 ≈ 30 m / s (847 ≈ 10 m / s)	1.73 en mm (44)
IV		Calibre .30 M2	10.8 g/166 gr.	2880 ≈ 30 m / s (878 ≈ 10 m / s)	1.73 en mm (44)

Aunque existen otros, los estándares para el cálculo de los grados de resistencia de estos elementos, uno de los más utilizados en el todo el mundo es el NIJ 0101.04, del Instituto Nacional de Justicia de los EEUU.

Para el caso de los vigilantes de seguridad en el uso de estos elementos de protección, si bien es compatible con el ejercicio de las funciones atribuidas por la vigente normativa de seguridad privada, siempre que los mismos no impidan la visión exterior de los elementos identificativos del vigilante de seguridad, tanto del escudo-emblema y distintivo, debe ser la empresa de seguridad, a través del jefe de seguridad, y una vez evaluados los riesgos del servicio, la encargada de determinar en qué supuestos será necesario o recomendable.

En ningún caso el uso del chaleco debe quedar a criterio del vigilante de seguridad que preste el servicio, el cual, en su caso, podrá solicitar la adecuada evaluación del riesgo del servicio a desempeñar y atender las instrucciones que al respecto le imparta el jefe de seguridad de la empresa.

Finalmente, y no obstante todo lo anterior, los vigilantes, en el marco de la protección que les otorga la legislación de riesgos laborales, podrán asimismo solicitar, a través de los cauces que en la misma se determinan, la correspondiente evaluación del riesgo del servicio o servicios que les sean asignados, así como las medidas de protección necesarias para su ejercicio.

2.4.- Fiabilidad y Vulnerabilidad al Sabotaje de los Medios Técnicos de Protección Pasiva:

Aclararemos varios conceptos para este apartado:

- -Seguridad desde un punto de vista Funcional.
- -Fiabilidad.
- -Vulnerabilidad.
- -Intrusión.
- -Sabotaje.

La definición de *Seguridad*, desde un punto de vista *Funcional*: es un proceso organizativo cuya finalidad es evitar o disminuir las pérdidas que se produzcan como consecuencia de las acciones u omisiones hostiles. Por tanto, dicho proceso organizativo, deberá ser fiable en la aplicación de los medios técnicos de protección pasiva estudiados.

La Fiabilidad: es el grado de confianza que otorgan los medios en el cumplimiento de la misión para la que se ha establecido.

Por otro lado, *La Vulnerabilidad*, también de forma resumida: es el carácter del bien que se protege definido por la probabilidad de que un factor de riesgo se convierta en una pérdida real.

Por su parte *La Intrusión*: es la presencia no autorizada en un recinto protegido, previa violación de la delimitación exterior. No se debe confundir con el acceso ilegítimo a un recinto protegido a través de un control de accesos, dado que éste último sería considerado un acceso indebido.

La definición genérica de *Sabotaje*: viene dada por el daño o destrucción intencionadamente contra un servicio, instalación, proceso, etc. Sin embargo, cuando se refiere al sabotaje de estos medios de protección, dicho acto se dirige contra los mismos a fin de facilitar la intrusión.

Teniendo en cuenta siempre las anteriores definiciones, las principales funciones de las que deben ser capaces los medios técnicos de protección pasiva deben de ser la *disuasión*, es decir, hacer desistir al agente agresor de sus intenciones de acceder al recinto protegido, así como el *retardo*, es decir, dificultar la progresión del agente agresor una vez la disuasión no ha sido suficiente.

Por lo tanto, cuanto mayor efecto disuasorio y de retardo, incluida su resistencia al sabotaje, se consiga en la combinación de la elección de éstos medios técnicos, de mayor fiabilidad se dispondrá en el cumplimiento de su finalidad de seguridad como parte de dicho proceso organizativo, dificultando la intrusión y, consecuentemente, disminuyendo la vulnerabilidad al evitar o disminuir las pérdidas.

De cualquier forma, como ha ido apuntando el desarrollo de este tema, las normas UNE van indicando los distintos grados de resistencia contra el sabotaje y, como consecuencia, con el retardo en la intrusión.

Para el cálculo de cada uno de esos grados, se hacen una serie de ensayos, de tal manera, que, en función al grado que se otorga, deberá resistir al ataque con, por ejemplo, el empleo de distintas herramientas.

Es decir, por un lado los mismos ensayos y otorgamiento de grado, indican la fiabilidad si son atacados con aquellas herramientas, o inferiores, de los ensayos, siempre y cuando la aplicación que se dé al medio de seguridad sea del grado correcto. Y, por otro lado, la vulnerabilidad de los medios irá marcada por el empleo de herramientas, con el objeto de una intrusión, con mayor poder de sabotaje que la que indica su grado de resistencia.

En definitiva, el grado de seguridad de las medidas de seguridad, marcados en cada una de estas normas, será directamente proporcional a la fiabilidad del sistema de seguridad, e inversamente proporcional a su vulnerabilidad.

TEMA 3. Los medios técnicos de protección (II). Elementos activos: Seguridad
electrónica. Detectores de exteriores e interiores. El circuito cerrado de televisión
(CCTV). Fiabilidad y vulnerabilidad al sabotaje.

3.1.- Elementos activos: Seguridad electrónica.

Son todos aquellos equipos, elementos, dispositivos y sistemas basados en tecnologías electrónicas o electromecánicas que contribuyen al incremento del nivel de seguridad de un determinado entono, reaccionando ante la materialización de un factor de peligro y proporcionando la adecuada protección al Bien en cuestión. Por regla general cumplen funciones básicas de detección y evaluación, y en menor medida de disuasión.

3.2.- Detectores de Exteriores e Interiores.

El principal objetivo de un sistema de seguridad es la detección precoz de una posible intrusión, lo que permitirá un mayor tiempo de reacción para conseguir interceptar la misma.

Siguiendo este concepto, vamos a clasificarlos en función del lugar donde se ubica:

- *-Perimetrales.*
- *-Periféricos.*
- *-Interiores, o volumétricos.*

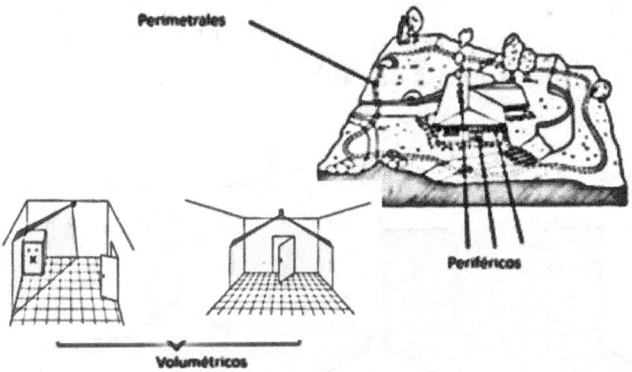

-Perimetrales: Los vamos a clasificar, o subdividir, en función del modo de instalación:

-De superficie, que se instalarán sobre los vallados o muros perimetrales de la instalación a proteger.

-Enterrados, que se instalarán debajo del terreno. La ventaja de éstos sobre los de superficie es que no son detectables a simple vista, por lo que son más difíciles de ser saboteados pero, en su contra, podemos destacar que son sistemas, en general, más caros así como de una instalación y mantenimiento más complejo.

-Periféricos: Se conoce como detección periférica a aquellos detectores que se instalan en los muros, ventanas o puertas de una instalación o los que protegen dicha estructura.

Contactos Magnéticos: Sus contactos son dos láminas que en presencia de campo magnético se atraen, cerrando un contacto eléctrico. Un relé red se fijará, por ejemplo, en el marco de una puerta o ventana y un imán en la parte móvil. Cuando estas dos partes se separan, rompen el circuito, provocando el correspondiente salto de alarma.

Detectores de vibración: Basan su funcionamiento en el efecto péndulo, de forma que si existe una vibración o golpe, al producirse el desplazamiento de dicho péndulo, se ocasiona la apertura de un circuito eléctrico, generando la señal de alarma.

Detectores Microfónicos: Están basados en el uso de un micrófono y un circuito de análisis que registra y mide las ondulaciones acústicas producidas por la vibración. Se genera una alarma cuando se supera un valor predeterminado. Se emplea en la rotura de acristalamiento, techos, suelos y muros.

Detectores Piezoeléctricos: Reacciona ante las vibraciones mecánicas producidas en las partículas del material al que están adheridos. Se basan en un elemento sensor capaz de distinguir alteraciones vibratorias y traducirlas en señal de alarma al superar unos niveles específicos.

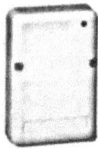

Detectores Sísmicos: Reacciona ante vibraciones mecánicas producidas en las partículas del material al que están adheridos. Es una combinación de las utilidades de los microfónicos y del efecto piezoeléctrico. A diferencia de éstos últimos, los Detectores Sísmicos cuentan con un filtro de paso bajo que restringe las frecuencias a aquellas que están en el espectro de agresiones o ataques de carácter destructivo.

-Detectores interiores o volumétricos: Éstos detectan la presencia de personas u objetos en el rango de acción del elemento de detección.

Básicamente se dividen en dos tipos:

Los que miden la variación de una onda electromagnética, debido al efecto Doppler, al entrar un objeto en su zona de detección y aquellos que miden la diferencia de la energía infrarroja que produce una persona u objeto frente al fondo.

Sin embargo, según el funcionamiento de cada elemento de detección de seguridad electrónica interior:

-**Activos**, si generan algún tipo de señal.

Éstos, a su vez, en:

-Detectores Ultrasónicos:

Los sensores emiten ondas de sonido ultrasónico hacia su zona de detección, rebotando, dichas ondas, en los objetos y regresando al receptor del detector.

-Detectores de Microondas:

Un emisor emite una frecuencia que es reflejada por los objetos. Dicha señal la capta un receptor asociado en caso de que se desplacen los objetos. La frecuencia recibida, si es distinta a la emitida, generará la señal de alarma.

-**Pasivos**, que miden las variaciones en su zona de detección.

-Detectores de Infrarrojos: Captan la energía infrarroja que emite un cuerpo humano por medio de un elemento piroeléctrico y, como se dijo, mide las variaciones de la lectura actual con las anteriores y, dentro de unos límites establecidos, generaría la señal de alarma en caso de producirse dicha variación.

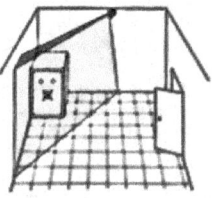 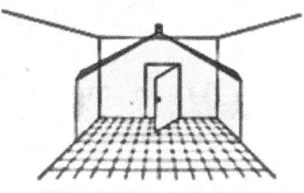

(Aplicaciones de un Detector de Infrarrojos en disposición de cortina)

-**Duales**, que utilizan ambas tecnologías. Sólo generan la alarma cuando existe la doble detección.

3.3.- El Circuito Cerrado de Televisión (CCTV).

Básicamente existen tres tipos de instalaciones de CCTV, fundamentalmente, clasificadas por la vía que se emplea para la trasmisión de la imagen:

-Por IP: Especialmente utilizada en instalaciones nuevas. Emplean cámaras digitales, trasmitiendo la captación de imágenes por red informática, siendo almacenadas éstas en discos duros, bien en local o remoto, incluso en nubes virtuales. Se consiguen calidades de imagen alta pero con la contrapartida que a mayor calidad se precisa más memoria de almacenamiento.

-Analógicas: Se conecta por medio de cables coaxiales, tipo antenas de TV, a grabadores digitales, los cuales se pueden conectar a una red IP, lo que nos permitiría poder ver las imágenes desde lugares remotos por medio de ordenadores, Smartphone, etc., pero con una calidad de imagen limitada.

-Mixtas: La tercera clasificación viene dado por la utilización de la combinación de las dos anteriores. Empleando cableados analógicos existentes, se sustituyen las cámaras analógicas por cámaras digitales, con la obtención de calidades de imagen de hasta 4K, cambiando los sistemas de grabación por otros compatibles con éste sistema.

La composición básica de un sistema de seguridad de CCTV, está dispuesta como se indica:

-Generación de la Imagen:

-Cámaras de Vídeo, propiamente dichas. Siendo de las clases más habituales en aplicaciones de seguridad:

-Tubo, que se componen, esencialmente, de un sistema de lentes para la refracción de la luz, en primer, término y su posterior conversión a señal eléctrica.

-CCD, que se basan en el principio de conversión de la señal luminosa en señal eléctrica sin la utilización de las lentes de las de tubo.

Tanto unas como otras pueden ser analógicas o IP, disponer de funciones B/N, Color y Día/Noche, ser fijas o móviles, de alta o baja resolución (medido en pixeles) o resolución horizontal, iluminación por coronas de infrarrojos, ser de tipo estándar, mini domos, domos, etc.

-Ópticas las cámaras, pudiendo emplear tecnología de iris manual o auto iris, iris fijo o vari focal, de Rosca C/CS, distintas sensibilidades a la luz, con zoom manual o motorizado, etc.

-Carcasas. La utilización de éstas irá indicado por las condiciones climáticas de las ubicaciones a instalar, pudiendo ser carcasas para interior o exterior, anti vandálicas, para pared, techos o póster, con mayor o estanqueidad IP, con parasol, con limpia parabrisas, calefactor, etc.

-Posicionadores, también de interior o exterior, estanqueidad IP así como máximo de pesos a soportar y velocidad de rotación.

-Transmisión de la Imagen:

-Por Conductor, o cable físico: pudiendo ser apantallado RG, par trenzado, fibra óptica o categoría 5.

-Vía Aérea, o radio frecuencia: por ondas electromagnéticas analógicas, Wireless, WI-FI, etc.

-Recepción de la Imagen:

-Monitor

-Generación de cuadrantes

-Matriz de vídeo

-Conmutadores o selectores

-Distribuidores

-Grabación y análisis de vídeo: En función a si los datos que han captado las cámaras y transmitido por la correspondiente vía, ya sea analógica o digital, la información será almacenada y analizada en videograbadores y time lapse, para los primeros, o en discos duros. Siendo este segundo caso, podrá ser almacenada y tratada, en multiplexados, en tiempo real, raid de almacenamiento o grabada en la nube.

En este apartado conviene recordar el escrupuloso respeto que el vigilante de seguridad observará en el uso de estos sistemas de captación de imágenes, ateniéndose en todo momento la Ley Orgánica 3/2018, de 5 de diciembre, de Protección de Datos Personales y garantía de los derechos digitales, en especial a su artículo 22, tratamiento con fines de videovigilancia.

3.4.- Fiabilidad y Vulnerabilidad al Sabotaje.

La fiabilidad y vulnerabilidad al sabotaje de estos sistemas de seguridad, dependerá de las características técnicas de los sistemas, principalmente, así como de sus prestaciones contra los ataques a los mismos, incluso del número de falsas alarmas que generen, tanto por razones técnicas como por la intermediación de personas, además de las condiciones climáticas, cortes eléctricos y telefónicos.

La ubicación de los distintos elementos electrónicos de seguridad, como volumétricos, cámaras de seguridad, irán directamente aparejado a la mayor o menor posibilidad de sabotajes.

Dentro de las razones en el incremento de la vulnerabilidad de *Tipo Técnico* pueden indicarse:

-Los Fenómenos naturales: lluvias, humedades, tormentas, vientos, acción de animales, etc.

-El aumento de las temperaturas afecta, muy en especial, a la tecnología infrarroja pasiva en las proximidades de los 37 grados centígrados, dado que ésta es la temperatura corporal en animales de sangre caliente, reduciendo sensiblemente su eficacia.

-Las Interferencias de otros equipos electromagnéticos y descargas eléctricas, así como radiofrecuencias producidas por telefonía móvil, emisoras, etc, también se consideran potencialmente proclives al aumento de la vulnerabilidad y proliferación de falsas alarmas.

Por su parte, aquellos sabotajes con la *Participación Humana*, en primer lugar, se debe destacar el hecho de que se vulneren estos sistemas de seguridad lleva implícito el hecho de que se produce como antesala de actos ilícitos de mayor ente: con ello lo que se pretende es inducir al fallo de los sistemas para perpetrar la intrusión:

-Cortes de corriente y líneas telefónicas.

-Provocar alarmas, siempre que los agentes dañinos sean conocedores de estas tecnologías y procedimientos de "feed back", podría llevar a la confusión necesaria para que se induzca a pensar en probables errores de funcionamiento.

-Al igual que las interferencias de otros equipos electromagnéticos, pero de forma intencionada, los intrusos pueden utilizar inhibidores de frecuencia con la finalidad de dificultar o impedir comunicaciones, desde luego, también de los elementos de detección electrónica con sus órganos de decisión.

Con independencia del origen que provoque la vulnerabilidad ante sabotaje, siempre hay que tener presente, y como máxima a la hora de instalación de los equipos, los distintos Grados de Seguridad marcados, por un lado, en la Orden Ministerial INT/316/2011, en su artículo 2, así como en la Norma UNE-EN 50131-1.

En la primera norma se indica la relación del grado de seguridad con aquellas ubicaciones a donde se destinarán, mientras que en la segunda, se indica la relación del grado de seguridad con aquellos conocimientos y útiles para el sabotaje con el que cuentan los malhechores.

Se debe tener siempre en cuenta que el grado de seguridad de las instalaciones de seguridad, marcados en una norma y otra, será directamente proporcional a la fiabilidad del sistema de seguridad electrónica, e inversamente proporcional a su vulnerabilidad, al igual que se mencionó para los medios técnicos de seguridad pasivos.

TEMA 4. La central de control de alarmas. Organización y funciones. Los sistemas de control y alarmas. Concepto de alarma falsa y alarma real. Sistemas de verificación de las alarmas. Servicio de respuesta y de custodia de llaves. Procedimiento de reacción ante alarmas: El enlace con las Fuerzas y Cuerpos de Seguridad.

4.1.- La Central de Control de Alarmas.

La Ley de Seguridad Privada, 5/2014, indica como una de las actividades de seguridad privada, en el artículo 5:

La explotación de centrales para la conexión, recepción, verificación y, en su caso, respuesta y trasmisión de las señales de alarma, así como la monitorización de cualesquiera señales de dispositivos auxiliares para la seguridad de las personas, e bienes muebles o inmuebles o de cumplimiento de medidas impuestas, y la comunicación a las Fuerzas y Cuerpos de Seguridad competente en estos casos.

Dicha explotación que se autoriza como actividad de Seguridad Privada corresponde a las **Centrales Receptoras de Alarmas (CRAs).**

En este punto conviene diferenciar entre éstas de los equipos a los que se conectan los distintos elementos de detección electrónica que, por medio de otros elementos o equipos, como módulos expansores y cableado o aire, estarán conectados: las Centrales de Alarmas las que, básicamente, son equipos informáticos que, por medio de la identificación de zonas, serán capaces de mostrar la ubicación y el momento del que proceden las distintas señales de alarma.

Visto esto, será posible que las Centrales Receptoras de Alarmas, puedan interpretar esas alarmas, al tener conectividad con la correspondiente Central de Alarmas.

Domicilios, comercios en general, establecimientos podrán conectar, de forma voluntaria, sus equipos (Centrales de Alarmas) a las Centrales Receptoras de Alarmas, además de aquellos organismos, instalaciones, empresas, etc., legislativamente obligadas a estar conectadas, tal y como indica el artículo 3, Medidas de Seguridad en Establecimientos e Instalaciones, la Ley 1/1992 de Protección de la Seguridad Ciudadana, siendo responsables de su correcto funcionamiento para la consecución de la finalidad protectora para las que se conectan, sin perjuicio de incurrir en responsabilidades.

4.2.- Organización y Funciones.

Para la correcta gestión de alarmas que se tramiten, las Centrales Receptoras de Alarmas, deberán de estar atendidas, permanentemente, por el personal, operadores, necesarios para la prestación de sus servicios, no pudiendo nunca ser menos de dos.

Cuando se reciban las señales de alarma, los operadores deberán verificar, por medio de los medios técnicos y humanos de los que disponen, la veracidad de las mismas. En el caso de que éstas resultasen reales, transmitirán las mismas a las Fuerzas y Cuerpos de Seguridad competentes, tal y como dicta el artículo 47, Servicios de gestión de Alarmas, de la Ley de Seguridad Privada, así como el 6, Procedimientos de Verificación, de la Orden INT/316/2011.

4.3.- Los Sistemas de Control y Alarmas.

Los sistemas electrónicos de seguridad que pretendan conectarse a Centrales Receptoras de Alarmas, distinguirán los elementos de detección en dos grupos:

-Secundarios: Aquellos que se instalen para la protección de los caminos hacia el objeto principal de protección, por ejemplo, una caja fuerte.

-Primarios: Aquellos que se instalen para proteger, directamente, el objeto principal de protección.

Por otro lado, y como se deducirá en lo concerniente a los sistemas de verificación de alarmas, deberán de disponer de, al menos, de la instalación de dos elementos secundarios y uno primario, es decir, un total de tres elementos electrónicos de seguridad, para conectarse a una CRA.

Aclarado esto, se considera pre alarma a la activación de un elemento secundario del sistema, entendiéndose por señal de alarma la activación del elemento o elementos principales, o más de un elemento secundario.

4.4.- Concepto de Alarma Falsa y Alarma Real.

Con independencia de las consideraciones para la imposición de sanciones o desconexiones de Centrales Receptoras de Alarmas, por sus comunicaciones a las Fuerzas y Cuerpos de Seguridad, en base a lo que dicta el vigente Reglamento de Seguridad Privada, a fecha de la redacción del presente texto, R.D. 2364/1994, se considera aquí alarma falsa toda aquella que no es susceptible de intervención policial.

Por lo tanto, basándonos en dicha definición, se considerará alarma real y de comunicación a las Fuerzas y Cuerpos de Seguridad, aquellas que cumplen los requisitos de alguno de los sistemas de verificación de las alarmas que, a continuación, se desarrollan.

4.5.- Sistemas de Verificación de las Alarmas.

-Verificación Secuencial: Deben de activarse, de forma sucesiva, tres o más señales procedentes, cada una de ellas, de elementos de detección distintos en un espacio no superior a 30 minutos, o bien la activación de dos elementos e, inmediatamente, se produce la alarma de un tercero o el corte de una vía de comunicación con la Central Receptora de Alarmas, o una alarma de sabotaje dentro del tiempo especificado. Si éste sobrepasa los 30 minutos, se deberá verificar por otro medio.

-Verificación mediante Vídeo: Siendo la cobertura de un vídeo igual o superior a la de un detector de intrusión al que esté asociado, o que éste cuente con video sensor. Ésta comenzará cuando el operador la visualice, y el sistema registre al menos una imagen en el momento de la alarma y dos imágenes posteriores a ella en un periodo de tiempo de 5 segundos, identificando el motivo de la activación, o iniciación de la verificación.

-Verificación mediante Audio: Para que ésta sea válida, el sistema debe ser capaz de almacenar al menos 10 segundos de audio antes de producirse la señal de alarma, listos para ser enviados a la CRA a su demanda. Debe almacenar el audio después de producirse la alarma al menos hasta que la CRA establezca comunicación con la instalación. También, si se lo demanda, ha de poder transmitir el audio en directo desde la instalación.

-Verificación Personal: Se podrán realizar servicios de verificación personal cuando:

-La verificación técnica confirme una alarma real.

-Ésta no permita confirmarla.

4.6.- Servicio de Respuesta y de Custodia de llaves.

Las Centrales Receptoras de Alarmas podrán tener contratadas, de forma complementaria, con los titulares de sus conexiones la prestación de servicio de custodia de llaves para su desplazamiento por medio de Vigilantes de Seguridad en servicio de acuda, como respuesta a alarmas comunicadas a las Fuerzas y Cuerpos de Seguridad con el objeto de que, éstos últimos, puedan acceder para la realización de sus pesquisas.

Éste mismo servicio de custodia de llaves, puede ser contratado por los titulares con otras empresas de Seguridad Privada, autorizadas para la vigilancia y protección, distintas a la de las Centrales Receptoras de Alarmas.

Dichos servicios de verificación personal y respuesta a alarmas, deberán ser prestados, en todo caso, por vigilantes de seguridad.

A los efectos de verificación personal del interior de los recintos protegidos, los vigilantes de seguridad deberán estar autorizados por escrito mediante el correspondiente contrato, por parte de los titulares y deberá siempre realizarse por dos vigilantes de seguridad.

Los servicios de custodia de llaves podrán ser realizados por vigilantes de seguridad sin armas en automóviles, con comunicación por radio teléfono con la central de alarmas, cuando por el número de servicios o distancia entre instalaciones fuese conveniente.

En tal caso, dichas llaves deberán estar codificadas, y modificados los códigos periódicamente, siendo datos desconocidos para el vigilante de seguridad que las custodia.

4.7.- Procedimiento de Reacción ante Alarmas: El enlace con las Fuerzas y Cuerpos de Seguridad.

En la respuesta de las centrales de alarma ante las señales que reciban, realizarán un adecuado filtrado y transmitidas a las Fuerzas y Cuerpos de Seguridad aquellas que resulten alarmas reales, sin perjuicio de la comisión de infracciones por la no comunicación que debieran haberse comunicado, tipificadas como infracciones muy graves, en el artículo 57 de la Ley de Seguridad privada.

Una vez que el operador al cargo de las señales de alarma que diesen como resultado alarma real, por medio de los distintos métodos de verificación, y diferenciado de las pre alarmas, pasará aviso a las Fuerzas y Cuerpo de Seguridad competente, facilitando a éstos datos como:

-Causa de las señales recibidas: tales como intrusión, robo, fuego, etc.

-Datos del titular de la instalación que se le solicite.

-Lugar desde donde se produce la alarma real.

-Número y actitud de los supuestos delincuentes, si se conoce.

Posteriormente, se dará aviso a los servicio de custodia de llaves de tenerlo contratado o al titular de la instalación, en caso contrario, con el fin de facilitar el acceso a las Fuerzas y Cuerpos de seguridad.

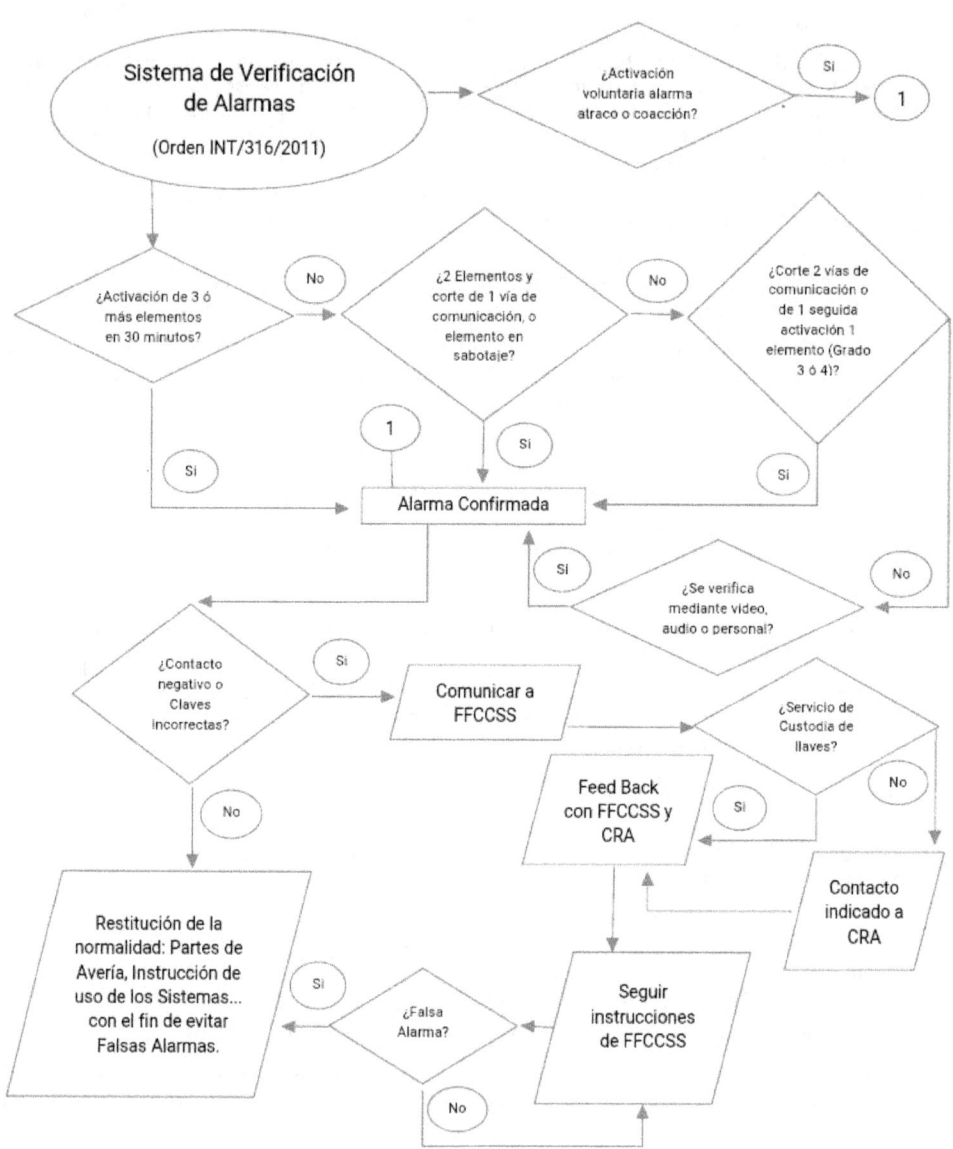

(Organigrama de Verificación Secuencial de Alarmas y Comunicación a FFCCSS)

*TEMA 5. La autoprotección. Técnicas y procedimiento de autoprotección personal: En el
trabajo, en el domicilio, en los desplazamientos, en otros lugares.*

5.1.- La Autoprotección.

Partiendo de la base de que cualquier podemos ser objeto de una potencial acción violenta, se entiende por autoprotección al conjunto de métodos y técnicas que conducen a la protección de uno mismo, para disminuir la probabilidad de que la amenaza se manifieste o, en caso de que se materialice, disminuir sus efectos perniciosos.

Los hechos delictivos más habituales para los que se tiende a la autoprotección son, en un nivel general:

Las Amenazas: Notificación al amenazado del propósito de causarle a él o a su familia un daño en su persona, honra o propiedad.

Criterios de actuación ante una amenaza por escrito:

1) Se pondrá en conocimiento reservado del superior jerárquico.

2) Se efectuará la correspondiente denuncia en comisaría.

3) Se tomarán medidas cautelares elementales:

- Variar horarios habituales.

- Vigilar accesos domicilio.

- Controlar entradas y salidas del mismo.

- Y del lugar de trabajo.

- Estar acompañado por otras personas.

- Circular por lugares transitados.

Criterios de actuación ante una amenaza por teléfono:

1) Se pondrá en conocimiento reservado del superior jerárquico.

2) Se efectuará la correspondiente denuncia en comisaría.

3) Se tomará íntegramente el mensaje.

4) Se intentará apreciar si es hombre o mujer, por su tono.

5) Si la llamada procede de un teléfono público o urbano, si es urbana o interurbana.

6) Intentar que repita el mensaje. (Interferencias, ruidos, etc...)

7) Se anotarán todos los datos que sea posible.

Sistema de prevención, también a nivel genérico:

El primer paso para la autoprotección de una persona consiste en analizar las amenazas a la que está o puede estar expuesta y ha de efectuarse en cada área física o funcional que ocupe la persona con una evaluación realista de las vulnerabilidades existentes.

1) Área física:

- -Domicilio habitual.
- -Domicilio de recreo.
- -Lugar de trabajo.
- -Instalaciones recreativas.
- -Asociaciones profesionales.
- -Instalaciones públicas que frecuenta.
- -Medios de transporte y rutas.

2) Área Funcional:

- -Relaciones familiares.
- -Relaciones profesionales.
- -Relaciones políticas, cívicas, religiosas, etc.
- -Comunicaciones.
- -Actividades sociales, profesionales diarias.

5.2.- Técnicas y Procedimiento de Autoprotección Personal: En el Trabajo, en el Domicilio, en los Desplazamientos, en Otros Lugares.

Si bien hasta ahora hemos tratado la autoprotección a un nivel genérico, para la explicación de técnicas y procedimientos lo haremos desde el punto de vista de un profesional de la seguridad privada, el vigilante de seguridad.

5.2.1.- *En el Trabajo:* Los Vigilantes de Seguridad, por la propia misión que desempeña, dado que será el único que se interponga entre el delincuente y el objeto a proteger, será quien deba prestar mayor atención a la autoprotección, bien sea por el hecho de que se quiera eliminar su interposición o bien por que pueda verse indirectamente expuesto.

- -Se debe procurar no ir uniformado, al entrar ni al salir de servicio.
- -Evitar estacionar el vehículo siempre en la misma ubicación y tratar de cambiarlo de localización con asiduidad.
- -Si el centro de prestación de servicios cuenta con distintos accesos, procurar su alternancia tanto para la entrada como para la salida del servicio.
- -Si es posible, no entrar ni salir de servicio siempre a las mismas horas.
- -Si como consecuencia del cumplimiento de las misiones que tiene encomendadas fuese posible una intervención por su parte, se debe analizar la situación y precisar si existe un riesgo real para su integridad. De entrada, en general, cualquier intervención debe ser considerada como potencialmente de riesgo.

Éstas son aquellas medidas que el vigilante de seguridad adoptará y que son denominadas principios de *seguridad de acción*.

Para garantizarla hay que:

- -Analizar las situaciones.

- -Mantener una distancia de seguridad, es decir, mantener una distancia segura entre la persona intervenida y el mismo.

- -Procurar un binomio intervención-protección, es decir, no actuar nunca solo si ésto fuese posible.

- -Enlace, es decir, comunicar a su puesto de mando, centro de control, responsable, compañeros, la necesidad, por su parte, de intervención.

- -Elección del lugar.

- -Rapidez de actuación, actuando con decisión y controlando, lo antes posible, la situación.

Durante la prestación de su servicio, el vigilante de seguridad siempre actuará bajo una de las *situaciones*:

- **-Situación de normalidad:** Generalmente realizando labores preventivas, dentro de su cometido de vigilancia y protección.

- **-Situación de alerta:** Cuando existen indicios de actividades irregulares que puedan afectar al objeto de su protección, aumentando, de forma suplementaria, la atención y reforzar su vigilancia.

- **-Situación de alarma:** Cuando un peligro es inminente y la actividad del vigilante podría considerarse de riesgo.

Como se puede deducir de la descripción de las distintas situaciones, el descubrimiento de los indicios será el fundamento para mantenerse en una de ellas.

Por lo tanto, dentro de su función de vigilancia y protección sobre todo en el desarrollo de dichas funciones en inmuebles, principalmente, los indicios podrían ser:

- -La permanencia de personas, vehículos u objetos en zonas no autorizadas o no comunes para que se encuentren allí.

- -La actitud de las personas ante la aparición del propio vigilante de seguridad uniformado.

- -La observación de la retirada de éstas de forma poco habitual: furtivamente, a la carreta, etc.

- -El descubrimiento de éstas donde no corresponde o en lugares poco habituales con respecto a la situación o el momento, incluso la proximidad a esas ubicaciones.

- -La probabilidad de ocultación de objetos en mochilas, bolsas o entre la ropa.

- -Sonidos poco frecuentes durante la nocturnidad.

Ante la aparición de estas u otras señales, se procederá a los llamados **Controles de Seguridad**.

Se podría definir, por ello, el control de seguridad a aquellas actividades preventivas que se realizan ante la aparición de indicios racionales de la probabilidad de comisión de delitos.

Tengamos siempre en cuenta que la aparición de dichos indicios modularán el paso de una situación de normalidad a otra de alerta y, de su no detección, de la de normalidad a la de alerta. De ahí radica su importancia, dado que siempre se podrán idear medidas preventivas en el primer caso, pero en el segundo el agente dañino ya actúa sobre el objeto de nuestra protección o contra nosotros mismos.

Los controles de seguridad que más utilizará el vigilante de seguridad durante la prestación de servicio, una vez detectados los indicios, serán:

- -La detención e identificación.

- -El cacheo.

- -El fondeo de mochilas, bolsas, etc.

- -La petición de mostrar el interior de abrigos puede ser suficiente o bolsos de mano, sin llegar a cacheo o fondeos.

La práctica de los controles de seguridad dará como resultado, generalmente, la vuelta a la situación de normalidad, o restitución de la normalidad, al resultar éstos negativos, o bien la puesta a disposición de las Fuerzas y Cuerpos de Seguridad de personas al dar como resultado el indicio razonable de la comisión de infracciones o la potencial comisión de delitos.

5.2.2.- En el Domicilio: Lógicamente, la toma de medidas de autoprotección en el domicilio, irán encaminadas en función a la detección de amenazas específicas, es decir, extrapolando las distintas situaciones desarrolladas en el trabajo, en especial en una situación de alerta pero en el ámbito del hogar.

Supongamos, por lo tanto, que existen indicios que, por el hecho de nuestra condición de vigilantes de seguridad y la actividad profesional que desarrollamos, hemos recibido amenazas o, simplemente, por la aplicación de las mismas como medidas preventivas.

Algunas de éstas medidas más efectivas, a nivel preventivo, serán:

- -No tender las prendas del uniforme para a la vista de transeúntes.

- -No entrar o salir del domicilio, ni aproximarse a él, con la uniformidad o distintivos del cargo.

- -No dar cuenta de nuestras actividades profesionales en cuestaciones donde se faciliten datos personales o se nos solicite información sobre nuestra dirección.

- -Si debemos recibir correspondencia de nuestra empresa, dependencias policiales o judiciales como consecuencia de nuestro desarrollo profesional, procurar disponer de buzón de correos con llave.

Por sencillas que parezcan, son muy efectivas a nivel preventivo.

Sin embargo, aunque también podrían ser adoptadas como medidas preventivas, si existen dichos indicios por los que hemos o podamos recibir amenazas:

- -No incluir nuestro nombre en la puerta del domicilio o buzón de correos.

- -Indicar a los familiares que no abran la puerta, sin más, a desconocidos.

-Indicar, además de a éstos a vecinos próximos, que no faciliten datos sobre nosotros.

-No facilitar el acceso desconocido al edificio desde el portero automático.

-Intentar no disponer de teléfono fijo a nuestro nombre.

-Si se dispone de varias salidas del edificio, quizás una entrada peatonal y otra de garaje, intentar alternarlas aleatoriamente.

-Procurar disponer de medidas de seguridad anti intrusión en el domicilio, tanto electrónicas como físicas, en especial puerta blindada.

5.2.3.- *En los Desplazamientos:* En lo concerniente a la utilización de nuestro vehículo propio, son eficaces las siguientes medidas, en especial cuando hemos sido objeto de amenazas o se han percibido indicios de que pudiésemos ser objeto de ataques:

-Antes de subir al vehículo propio, revisar su exterior y los bajos. En su interior, observar que el asiento del piloto no haya sido manipulado. De ser así, no se debe ni subir ni poner en marcha.

-Al circular, se debe ir con los seguros de las puertas accionados y las ventanillas subidas.

-Al comenzar la marcha es muy conveniente observar los alrededores en busca de otros vehículos o personas en actitud sospechosa.

-Durante la marcha hay que procurar estar atento a posibles seguimientos de los que pudiésemos ser objeto, utilizando con asiduidad los espejos retrovisores, prestando especial atención a aquellos vehículos que comiencen la marcha inmediatamente después de nosotros, además de motocicletas con dos ocupantes que se coloquen a nuestra altura.

-Hay que tratar de utilizar distintos itinerarios, en especial para dirigirnos a nuestro servicio o de regreso al domicilio.

-Nunca que se debe recoger, durante los trayectos, a personas desconocidas y siempre se debe ser desconfiado en situaciones que observemos otros coches averiados y llamen nuestra atención para solicitar ayuda.

-Si tenemos la certeza de que somos objeto de un seguimiento, debemos llamar de inmediato a las Fuerzas y Cuerpos de Seguridad. Si ésto no fuese posible, si nos encontrásemos en nuestro trayecto con una patrulla de los mismos, se podrían realizar, guardando todas la precauciones con objeto de salvaguardar la integridad de terceros, pequeñas infracciones para tratar de llamar su atención, dando explicaciones, con posterioridad, razonadas de los indicios que nos han llevado a cometerlas.

-Hay que procurar estacionar en lugares distintos, también en los casos de que al disponer de plaza de aparcamiento privada, no tuviese medidas de seguridad suficientes.

Durante la utilización de transporte público:

-En estación y paradas de estos medios de transporte es donde existe mayor tasa de agresiones en la categoría de desplazamientos, por lo tanto, si se observa un posible atacante en los momentos que debamos abandonar el transporte, quédese dentro de él procurando dar aviso de tal circunstancia a Fuerzas y Cuerpos de Seguridad u otros compañeros que presten servicio en estas líneas o a sus departamentos de seguridad.

-Hay que estar atento a las puertas de acceso de pasajeros, así como aquellos que se coloquen detrás de nosotros. Por ello, siempre es preferible aquellas posiciones donde no exista la posibilidad de asientos detrás de nosotros.

5.2.4.- En Otros Lugares:

-En términos generales, hay que ser discreto, principalmente, en lo concerniente a nuestra actividad profesional ante otras personas que son desconocidas, incluyendo hacia aquellos que podrían estar pendientes de nuestras conversaciones con personas de confianza.

-Sería muy conveniente indicar a los familiares que deben evitar dar información a terceros sobre nuestras actividades, así como de nuestros centros de prestación de servicio.

-Inculcar cultura de autoprotección, sin llegar al temor, incluidos a los menores de nuestro entorno cercano.

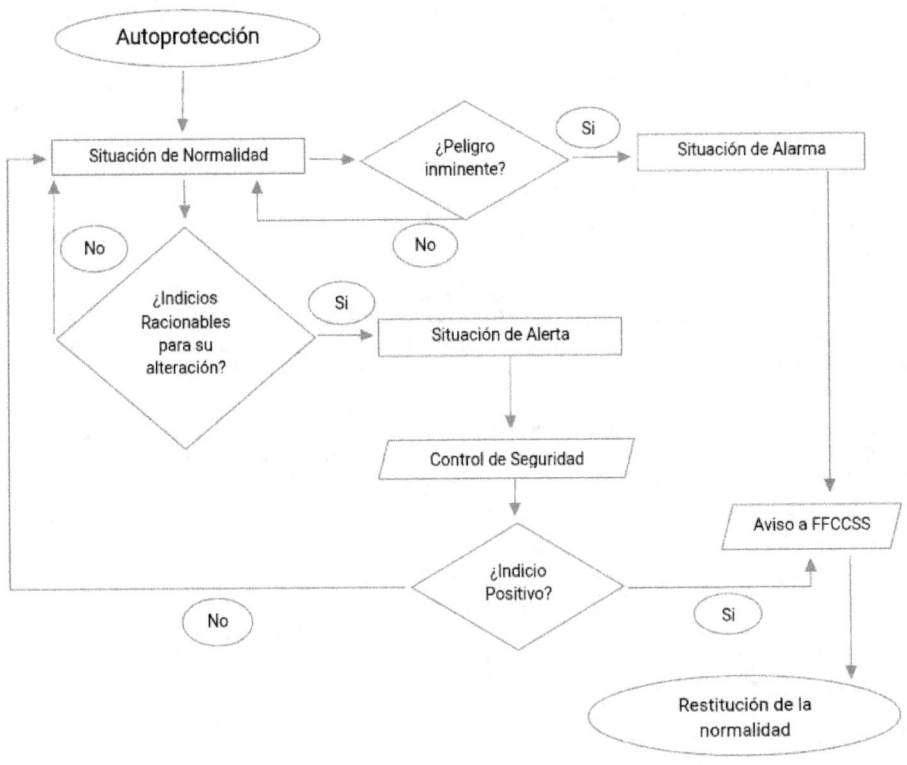

(Diagrama de Flujo para la aplicación de Técnicas y Procedimientos de Medidas de Autoprotección)

TEMA 6. La protección de edificios: En domicilios, establecimientos, grandes superficies y centros de concentración de masas por espectáculos públicos.

6.1.- Introducción a la Protección de Edificios.

En general, la mayor parte de los servicios que prestan los vigilantes de seguridad, se desarrollarán en el interior de inmuebles

Sin embargo, esto no quiere decir que no puedan desplazarse, en ocasiones, al exterior de los mismos, tal y como se recoge en el artículo 79 del vigente Reglamento de Seguridad Privada, tal y como podría ser ante la persecución de delincuentes así como para la realización de actividades directamente relacionadas con el objeto de su protección o en ayuda humanitaria, éstas sin necesidad de autorización previa.

La finalidad de la prestación de los servicios del vigilante de seguridad en los edificios será la de proteger a las personas de su interior, la del propio inmueble, la custodia de los objetos que en él se encuentren así como la protección de la actividad que en ellos se desarrollen.

Es importante estar atentos para detectar a posibles intrusos, movimientos extraños, ruidos que nos avisen de posibles peligros, etc.

Una vez tengamos la información total sobre el inmueble, debemos de crear las correspondientes zonas y áreas de seguridad, teniendo en cuenta, además, la Teoría Esférica de la Seguridad, nunca debiendo olvidar las funciones de todo sistema de seguridad como son la prevención, disuasión, detección, evaluación, retardo, reacción, notificación y restablecimiento a la normalidad, con la elaboración de un Sistema Integral de Seguridad, que consta, fundamentalmente, de:

-Plan de Emergencias: Aplicable ante situaciones críticas, ya sean fortuitas, es decir, accidentales, o provocadas. En ellos se detallan los distintos grados de emergencia, pudiendo ser conatos de emergencia, emergencia parcial o emergencia general, así como el papel que desempeñarán, ante éstas, los trabajadores del centro, en especial, el personal de seguridad privada, organizados por equipos, como equipos de primera intervención (EPI), de segunda intervención (ESI), de alarma y evacuación (EAE), etc.

-Plan de Evacuación: Ante dichas situaciones críticas, cuando el desalojo de las personas es inevitable, pudiendo ser de evacuación total o parcial. En éste deberán de estar presentes las vías de evacuación, escaleras de incendios, puertas, extintores, BIEs (Bocas de Incendio Equipadas...), zonas de agrupamiento de evacuados, o puntos de encuentro. Tanto los Planes de Emergencias como Evacuación se estudiarán con detalle en el Tema 13.

-Plan de Seguridad: En éste se desarrollan y describen todas las medidas de seguridad pudiendo ser físicas, electrónicas o de personal humano. Es importante indicar que, en los Planes de Seguridad, se desarrollan, entre otras, aquellos mecanismos de seguridad, u operativas, que se desempeñarán en los momentos de normalidad o de actividad normal del edificio, centro de trabajo, inmueble, etc., es decir, el plan de rutina.

Como norma general, y con independencia de la clase de inmueble donde se preste servicio, los vigilantes de seguridad deben ser conocedores de estos planes.

6.2.- En Domicilios.

Partiendo del principio de injerencia mínima, el vigilante de seguridad que preste servicios en domicilios, debe adaptarse al ambiente y forma de vida de sus protegidos, sin entorpecer sus las relaciones familiares, sociales o laborales cotidianas.

Pero, por otro lado, es importante conocer el origen del peligro, pudiendo éste deberse por el poder económico, social, político de las personas a proteger.

En domicilios, el vigilante de seguridad, ofrece protección frente a delitos contra las personas y la propiedad.

-Delitos contra las personas: atracos, asesinatos, secuestros, atentados, etc.

-Delitos contra la propiedad: robos, vandalismo, sabotaje, etc.

Obviamente del servicio del vigilante de seguridad variará sustancialmente en función de cómo sea el domicilio a proteger, así como de aquellos medios técnicos de seguridad con las que se cuenten.

En la protección de domicilios, el vigilante de seguridad *deberá de tener en cuenta*:

-Debe conocer la distribución del domicilio, así como al personal que trabaje en el mismo.

-Debe conocer, también, el manejo de los sistemas de seguridad instalados. Las medidas de seguridad que se toman en los domicilios, de los que podrá valerse el vigilante de seguridad, habitualmente consisten en la instalación de medios electrónicos anti intrusión, CCTV, etc.

-Se prestará especial atención a puertas y zonas de acceso, ventanas, azoteas, escaleras tanto principales como de servicio o incendios, ascensores, patios, jardines, cuartos de calderas, contadores basuras, etc.

-Si existe control de acceso de visitas y proveedores, realizar éste en coordinación con los propietarios.

-La vigilancia de chalets privados, deberá hacerse de forma que se domine la mayor parte del área exterior, así como los accesos al mismo.

-Nunca se facilitarán datos personales de los clientes.

-En el caso de que haya personal de escolta, colaborará con el mismo en las entradas y salidas del personal protegido.

6.3.- Establecimientos.

La aplicación de medidas de seguridad en cada establecimiento, requerirá el correspondiente estudio previo de las medidas más adecuadas, en función a las necesidades de cada uno de estos centros.

6.3.1.- Sucursales Bancarias: Las entidades financieras presentan dos características fundamentales: por un lado las grandes cantidades de dinero en efectivo y valores, así como el libre acceso a cualquier persona para realizar transacciones dentro de la oficina bancaria.

Tanto como en el artículo 112 del Reglamento de Seguridad Privada en vigencia, Real Decreto 2364/1994, así como lo establecido en el capítulo segundo de la Orden INT/317/2011, se determinan aquellas medidas de seguridad concretas con las que deberán contar estos establecimientos. En resumen, estas serían, para reunir las condiciones antes de su apertura:

-Sistemas de captación de imágenes.

-Medios técnicos activos capaces de detectar ataques a los medios pasivos con los que cuente la sucursal.

-Conexión con Centrales Receptoras de Alarmas.

-Recintos de caja blindados, o control de acceso por medio de exclusa.

-Carteles informativos de dichas medidas de seguridad.

-Además de estas medidas, se deben disponer de otras concretas, como cámaras acorazadas, cajas de alquiler, cajas fuertes, sub mostradores, recicladores, detección electrónica de ataques contra éstas y mecanismos de temporización de apertura de las mismas.

Entre los delitos contra estos establecimientos, *el atraco*, es el principal y el hecho delictivo más peligroso, dado que se ejecuta con arma.

Un hecho de relevancia con respecto a los atracos a tener en cuenta es que, que los robos o atracos a entidades financiares, nunca se improvisan, se suelen hacer con preparación y reconocimiento previo por parte de los delincuentes.

Otros delitos contra las sucursales bancarias pueden ser *los robos por butrón*, es decir, con fuerza sobre las cosas, produciendo la rotura de paredes, techos, suelos, puertas, etc., con el objeto de conseguir el objetivo, ya sea efectivos u otros valores.

También *los hurtos* son comunes, bien contra bienes del establecimiento o contra los clientes del mismo. En ellos se aprovecha el descuido con el objeto de apropiarse del efectivo u otros valores.

En lo que se refiere a *la actuación durante la prestación de servicio del vigilante* de seguridad en estos establecimientos, cabría *destacar tres bloques de tiempo*:

-Antes de su entrada:

Entrará en la sucursal con el primer empleado o director de la sucursal. Es muy aconsejable la disposición de contraseña entre empleados y el vigilante de seguridad, sobre todo, si no es habitual su prestación de servicio en la oficina.

No deberá de entrar nadie en la oficina que no esté autorizado antes de su apertura.

Deberá tener observancia en lo concerniente al buen funcionamiento de las medidas de seguridad electrónica de la que se disponga, así como su situación correcta en lo que respecta a alarma noche, que remitirá señales de robo, y en posición día, que remitirá señales de atraco, evitando, por lo tanto, saltos de falsas alarmas.

El vigilante, antes de entrar, observará el exterior y actitudes inusuales, pendiente siempre a situaciones anómalas, tanto en el exterior como al entrar en la oficina.

-En la apertura:

En horario de apertura de la sucursal, deberá ubicarse de forma que pueda vigilar la entrada de clientes, así como cualquier otra persona del patio de operaciones, evitando que nadie se le coloque detrás o impida su movilidad.

Prestará especial atención a personas que pasen más tiempo de lo usual en el patio de operaciones o bien en la formulación de impresos, o aquellos que le pidan ayuda para ello, debiendo negarse con educación.

Se mantendrá en estado de alerta ante situaciones anormales o discusiones provocadas por personas desconocidas.

Ante la presencia de los vigilantes de seguridad de las empresas de trasporte de fondos, deberá de apoyarlos, sin descuidar sus funciones en la sucursal, colocándose en la puerta de la oficina, observando la carga y descarga de efectivo y valores, pero sin dejar de controlar el interior del establecimiento.

-Al finalizar la jornada:

Impedirá el paso a personas que pretendan entrar fuera del horario de atención, salvo que cuenten con autorización de los responsables de la sucursal.

Antes de abandonar la oficina, comprobará que todo se encuentra en orden dentro de la misma, no quedando puertas o ventanas abiertas y posicionando la alarma como la encontró, en posición noche, es decir, permitiendo la emisión de alarmas por robo a la central receptora.

6.3.2.- Joyerías: La facilidad de convertir en liquidez los objetos de valor presentes en las joyerías, convierten a éstas en blanco de los delincuentes.

Los alunizajes, es decir, estrellar un automóvil de gran cilindrada contra los escaparates y cierres, casi siempre sustraído, se ha convertido en el método favorito. Es un método muy violento y que provoca importantes pérdidas a los empresarios y compañías de seguros.

Por esto último, y con carácter general, los escaparates deberán contar con elementos que protejan contra los alunizajes, además de bolardos. También las puertas y ventanas deberán de ser blindadas.

No obstante, aquellos de estos establecimientos que en su interior cuenten con valores definidos en las mismas normas que las entidades bancarias, deberán cumplir con las medidas de seguridad obligatorias, con carácter general, tales como son, en resumen:

Caja fuerte con peso superior a 2000 kilogramos, anclada; cámaras acorazadas; pulsadores anti atraco; dispositivos de detección anti intrusión; Detectores sísmicos en paredes, techos y suelo de la cámara acorazada o del local que se encuentra la caja fuerte; conexión a CRAs; Protección electrónica de puertas, ventanas, escaparates y cierres metálicos.

Igualmente, los delitos contra estos establecimientos, fundamentalmente, son los mismos que para entidades bancarias, es decir: **el atraco, el robo con butrón y hurto al descuido**.

Por ello, **la actuación durante la prestación de servicio del vigilante** de seguridad en estos establecimientos, se desarrollará en los mismos **tres bloques de tiempo** que en las entidades de crédito y aplicando la misma operativa que para éstas, teniendo en cuenta que las joyerías suelen tener un tamaño más reducido que el de las sucursales bancarias y que deberá prestar especial atención a las vitrinas donde se alojen valores y de que éstos no queden fuera de ellas, una vez mostradas por los empleados.

6.3.3.- Grandes Superficies.

Los Centros Comerciales, Grandes Almacenes, Hipermercados, etc., constituyen puntos de gran concentración y movimiento de público, exigiendo por ello al vigilante de seguridad un conocimiento especial de las características y circunstancias de los servicios a prestar, y entre ellos podemos mencionar:

-Presencia masiva de personas a horas y días determinados.

-Variedad en las Instalaciones, y mercancías en sus tamaños y precios.

-Diversidad de Riesgos: Sustracciones, estafas, incendios, cortes de energía, amenazas de bombas, aglomeración de masas, etc., y a ello, se une la existencia de grandes cantidades de dinero en efectivo. Podemos decir, que, en estas superficies, las incidencias de ilícitos penales que se comenten en éstos, que se recogen en nuestro actual Código Penal, son de un elevado abanico.

Como en todo servicio de seguridad la figura del vigilante en estos lugares es preventiva y disuasoria, pero también una referencia de importancia ante emergencias.

En estos centros existen diferentes y específicas *zonas*, de las que destacamos:

-*De carga y descarga* de mercancías: Reservadas a repartos y proveedores.

-*Almacenes*: A la que sólo pueden acceder empleados y personal autorizado.

-*De seguridad*: De acceso restringido, que incluye salas de máquinas y energía, cajas fuertes, líneas de cajas, oficinas, vestuarios de empleados, etc.

-*De libre acceso* al público: zonas de tiendas, lavabos, aparcamientos, cafeterías, hall, escaleras y ascensores públicos, etc.

Una de las funciones principales en estos Centros del vigilante de seguridad, es el control de acceso de las personas y vehículos a las zonas de carga y descarga, almacenes y de seguridad, antes mencionadas.

En estos centros, se deben de reunir una serie de condiciones y *estar cualificados* en:

-Manejo de elementos del servicio como sistemas de comunicaciones, tratamiento de alarmas, detectores tipo "raqueta" de detección de metales, arcos anti hurto, etc., sin olvidar elementos de extinción como extintores o BIEs.

-Evitar situaciones llamativas o escandalosas, la eficacia no debe de confundirse con la rudeza, en resumen ser discretos pero efectivos.

-Un servicio que se realiza de forma profesional y cortés, será reconocido por el público y la empresa contratante.

Como ya se ha mencionado las principales funciones del vigilante de seguridad en estos centros son: Prevención de ilícitos penales; Evitar Riesgos; y Disuadir con su presencia

La actividad en estos centros varía en el transcurso del día y fechas, siendo los momentos más importantes en el desarrollo de esta actividad, las siguientes:

-*Antes y durante la llegada de Empleados:*

Realizar una ronda general para inspeccionar las instalaciones a nuestro cargo (tiendas, cafeterías, almacenes, aseos, oficinas, etc.).

Pasar el sistema de seguridad electrónico de su posición de noche (robo) a día (atraco).

Abrir a los empleados e identificarlos por sus tarjetas de identificación, para evitar intrusos.

Si la normativa del cliente lo incluye no dejar pasar bolsas, paquetes, maletas, mochilas, etc., a los empleados. Se seguirán las instrucciones con firmeza pero de forma cortés y educada.

-Apertura al Público y Proveedores:

La vigilancia se realizara en las diversas zonas que tengamos asignadas, siendo más importante, por prevención y disuasión, en los puntos accesos a las tiendas. Debe de hacerse visible, ya que la sola presencia puede disuadir a muchos delincuentes potenciales o conocidos. Las puertas de acceso al público es el mejor punto para ello.

Nunca se podrá acusar de sustracción a una persona hasta que ésta no tenga intenciones de abandonar la tienda, sin abonar el artículo, es decir, que hayan sobrepasado la línea de cajas y se dirijan a la salida, sin abonar el producto.

El vigilante de seguridad siempre que se dirija a alguna persona deberá hacerlo con la máxima educación y diplomacia, intentando evitar herir sensibilidades.

Las sustracciones de objetos, efectos, etc., se realiza de infinidad de maneras, y los infractores pueden ser muy variados tales como: Descuideros, grupos marginales, niños o adolescentes, enfermos (cleptómanos), profesionales, etc., por ello, en cada caso, deberemos de actuar y tratar a las personas de formas diferentes y concretas.

Atención especial al autoconsumo. Es un fraude muy frecuente, aunque también nos pueden indicar que lo abonaran al pasar por caja, así como el deterioro o daños premeditados de mercancías e instalaciones.

En los casos de detectar malfuncionamiento de equipos, roturas, fugas, etc., o problemas de mantenimiento el vigilante de seguridad lo comunicará a quien corresponda, reflejándolo en su parte de incidencias.

Prestar colaboración, protección y cobertura cuando llegan los vigilantes de seguridad de las empresas de transportes de fondos, para recogidas o entregas de efectivos.

Prestar atención a las cajas fuertes del centro, y a la línea de cajas de cobro a clientes.

Con relación a los proveedores, identificar a los mismos con sus tarjetas de identidad, la de sus vehículos, las de carga y mercancías que transporten, tanto a la entrada como a la salida de los centros.

-Salida del Personal y Cierre del Establecimiento:

Vigilar que los empleados no lleven artículo alguno del centro, siguiendo, si se exige, la normativa del cliente. Inspeccionar bolsas, maletines, macutos, bolsos, e incluso las bolsas de basura para evitar sacar objetos del establecimiento, etc., haciéndolos pasar por los arcos anti hurto, por ejemplo.

Ronda general por probadores, lavabos, tiendas, cafeterías, ascensores, escaleras, oficinas, vestidores del personal laboral, aparcamientos, etc., para evitar que puedan quedar personas escondidas y comprobar fehacientemente que no queda nadie.

Con respecto al personal de limpieza, iguales medidas que para los empleados: comprobar que no llevan nada en las bolsas, mochilas, etc., inspeccionar los materiales que lleven para la limpieza, tanto a la entrada como a la salida del trabajo.

Una vez terminada la jornada, incluido la limpieza que suele ser los últimos en finalizar, se conectará la alarma en modo nocturno.

De forma periódica se comprobará el buen funcionamiento de los sistemas de seguridad y contra incendios, así como todos los relacionados con el Sistema Integral de Seguridad.

-Establecimiento Cerrado de Noche o Festivos:

Realizar rondas aleatorias, evitando los itinerarios fijos, así como realizándolas en horarios e intervalos irregulares. Cerrar puertas y grifos; desconectar maquinarias que no deberían estar funcionando; solucionar, en lo posible, cualquier tipo de incidencias.

Se establecerá comunicación entre los vigilantes de seguridad de servicio, que estén en puntos, áreas o zonas diferentes, para comprobar la normalidad general.

Como se mencionó en el inicio de este tema, si bien este tipo de edificios de prestación de servicios contarán con su Plan Integral de Seguridad, los puntos que acabamos de determinar, se desarrollan en su correspondiente Plan de Seguridad, para situaciones de desarrollo de actividad normal, o Plan de Rutina.

6.3.4.- Centros de Concentración de Masas por Espectáculos Públicos.

Las concentraciones de masas por espectáculos son uno de los servicios que pueden realizar los vigilantes de seguridad, pero se tendrá muy en cuenta que algunos espectáculos sólo obtendrán la pertinente autorización administrativa cuando contraten seguridad privada en coordinación con las FFCCSS.

En el caso de los espectáculos de masas, hay que tener en cuenta que la actuación de los vigilantes de seguridad estará supeditada a lo que dicten las FFCCSS.

Para realizar este tipo de servicios, se tendrán en cuenta una serie de puntos:

-Deberá de existir un análisis de riesgos previo a la celebración: no todos los espectáculos son iguales y antes de acometer una planificación de seguridad, habrá que tener en cuenta este punto, al objeto de concluir el nivel de riesgo existente.

Dicho análisis de riesgos preverá la condición del espectáculo como:

-De carácter normal o extraordinario: se valorarán también los riesgos y vulnerabilidades que puedan existir antes, durante y después de la celebración del espectáculo.

-Una vez realizado el análisis de riesgos se elaborará el Plan de Integral de Seguridad, que incluirá los correspondientes Plan de Emergencias, Plan de Evacuación y Plan de Seguridad, que deberá ser perfectamente conocidos por los vigilantes de seguridad que presten servicios en dichas concentraciones de personas.

Si bien los mencionados, hasta ahora, análisis de riesgos y la posterior elaboración de Planes de Seguridad Integral son comunes en cuando se pretende la protección de inmuebles de cualquier índole, es recalcable el hecho de la importancia en los centros de concentración de masas, así como el estudio, por parte de los vigilantes de seguridad que presten servicio en éstos, de los Planes de Emergencias, Evacuación y de Seguridad. Debe recordarse SIEMPRE que el bien principal de protección es la VIDA HUMANA.

Por ello, es de vital importancia que también esté contemplada, en dicho Plan de Seguridad Integral, la necesidad de la coordinación de las diversas organizaciones implicadas en este tipo de Servicios:

-Seguridad Privada, FFCCSS, Servicios Asistenciales, Bomberos, etc. Se incluirá un Programa de Actuación que articule tal coordinación.

Dentro del *Plan de Seguridad* encontramos *dos objetivos* primordiales:

-*La protección del propio espectáculo:* estableciendo los puestos de vigilancia en todos los accesos a la instalación y localidades, con el mantenimiento de la comunicación a través de pasillos y vomitorios, la protección de los vestuarios, así como la entrada y salida de los participantes del espectáculo.

-*La protección del público*, conjugando el ejercicio de sus derechos dentro del más estricto orden, como contemplar el espectáculo, utilización de los diferentes servicios, obtener la devolución de importes, etc., así como que las colas para la obtención de entradas se gestionen sin problemas.

En resumen podemos decir que la misión del vigilante de seguridad en estos servicios, será:

-Control de acceso y entornos, comprobando las entradas e invitaciones, cacheos de personas que pudieran portar objetos o efectos prohibidos o peligrosos, impedir la ingesta y paso de licores al interior del recinto.

-Colaborar y auxiliar a las FFCCSS si las hubiere, y seguir sus instrucciones.

-Evitar enfrentamientos entre grupos rivales, identificándolos, sobre todo a los líderes o cabecillas, separando unos grupos de otros, y observar a los posibles alborotadores, procediendo a la detención de estas personas si fuese preciso, si mantienen su aptitud.

-En caso de enfrentamientos utilizar los medios legales de los que dispongamos para restablecer el Orden.

-Proteger la integridad de las personas y personalidades.

-En caso de Emergencia actuar conforme al Plan Integral previsto para ese lugar determinado. Debe exigir información del Sistema Integral de Seguridad.

-Cuando les sea indicado por la Organización los vigilantes de seguridad deberán proteger, a título individual, a las personas que se les designe.

6.3.5.- Centros de Asistencia Sanitaria.

Para la prestación de servicios de un vigilante de seguridad en este tipo de centros, lo primero se debe interiorizar son cuestiones como:

-Por un lado, puede tratarse de los conocidos como Centros de Salud: Suelen tener atención en dos turnos: de mañana o de tarde, salvo turnos de guardia que corresponda a cada centro. Aun sumando el tiempo de espera para la atención, la permanencia de personas, bien sean pacientes o familiares, es reducido. No suele contar con servicio de farmacia ni con equipamiento médico para el diagnóstico ni de cirugía.

-Por otro, Hospitales o Clínicas: Estos cuentan con atención a pacientes durante las 24 horas del día, tanto en sus servicios de urgencia como en las plantas donde permanecen pacientes ingresados, si bien, la presencia de personal sanitario de los días a las noches se reduce sensiblemente. El tiempo de permanencia en un hospital, tanto de pacientes como de familiares de los primeros, pueden ser extremadamente extensos si existe ingreso hospitalario. Sin embargo, si la atención debe de producirse en los servicios de urgencia, no puede tampoco equipararse a la espera de un centro de salud ya que, en éstos, también la permanencia de pacientes y familiares es mayor. Cuentan con servicio de farmacia con medicamentos de toda índole y equipamiento médico y quirúrgico de extremado valor y, en ocasiones, radioactivos.

-Las dimensiones físicas de los Hospitales o Clínicas es muy superior al de los Centros de Salud.

-El nexo en común entre ambos centros de prestación de servicios para un vigilante de seguridad es que se atiende, por lo general, a personas enfermas y suelen estar acompañados de familiares.

-En ocasiones, por la insatisfacción de la sanidad, bien sea de modo objetivo o subjetivo, tanto familiares como pacientes pueden estar con ánimo alterado, quizás por el estado de salud o, sencillamente, por desacuerdo con decisiones más bien sociales, como podría ser la negativa a ampliar bajas laborales, por ejemplo.

Siempre como norma general, en los *Centros de Salud*, la prestación de servicio es desempeñada por un único vigilante de seguridad.

Dado lo expuesto, la principal función que debe desempeñar es la protección al personal sanitario del centro, sin desatender a otras como: el estado de vías de evacuación y sus puertas, inspección de medios de protección contra incendios, por ejemplo.

No obstante, en atención a su principal función, deberá:

-Durante la prestación del servicio, observará la actitud de pacientes y familiares, en busca de hallazgo de comportamientos inadecuados.

-Si bien lo idóneo será que las consultas cuente con sistema de aviso anti pánico que pulsarían los profesionales sanitarios en caso de verse en situaciones de compromiso, por los que el vigilante de seguridad recibiesen la alarma, en caso de no contar con dichas medidas de seguridad, estará atento a las voces fuera de tono o alzadas, procedentes de los despachos, en especial si se ha apreciado la actitud inadecuada durante la permanencia en la sala de espera.

-Al igual que en otros centros de prestación de servicios, deberá de asegurarse de la posición adecuada del sistema electrónico de seguridad, es decir, a la entrada cambiar su estado de "*Robo*" a "*Atraco*", sobre todo en caso de contar con conexión a CRAs.

-Las medidas de autoprotección dirigidas al vigilante de seguridad, sobre todo si se han producido situaciones de alerta o de alarma, deberán de ser tenidas muy en cuenta por éste, tal y como se indica en el *Tema 5, La Autoprotección.*

En *Centros Hospitalarios*, la operativa de los vigilantes de seguridad es sensiblemente diferente, pero teniendo presente la actividad principal de éstos: Se atiende a enfermos o heridos y, en muchos casos, en situaciones extremas.

De cualquier forma, atendiendo a los datos de los primeros párrafos de este apartado, las funciones de los vigilantes de seguridad que conformen el equipo deberán de ser:

-Control de Accesos: Adecuado a las zonas, por ejemplo, a, como se indicaba, aquellos lugares de farmacia, donde exista material médico-quirúrgico o salas técnicas de abastecimiento esencial del centro, tanto de energía como de agua o gas. Para estas áreas se deberá tener muy en cuenta lo que se indica en el *Tema 7, El Control de Accesos*, garantizándose que sólo puedan acceder a éstos personal debidamente autorizado para ello.

Lo aconsejable, para la adecuada protección de estas áreas, sería la llegada de señal de alarma, para los casos de intrusión o acceso indebido, al puesto permanente de seguridad del hospital, de existir. En caso contrario, la llegada de la señal de alarma a una debería de ser a una central receptora de alarma.

También, para ellos, pero para el acceso al centro, en general, o a plantas donde permanezcan pacientes ingresados, deberá observarse la política que el hospital mantenga sobre este punto.

-Área de Urgencias: Para éste, se actuará de forma similar que lo que se indicó en dos puntos, como operativa genérica, a los Centros de Salud, es decir:

-Durante la prestación del servicio, observará la actitud de pacientes y familiares, en busca de hallazgo de comportamientos inadecuados.

-Si bien lo idóneo será que las consultas cuente con sistema de aviso anti pánico que pulsarían los profesionales sanitarios en caso de verse en situaciones de compromiso, por los que el vigilante de seguridad recibiesen la alarma, en caso de no contar con dichas medidas de seguridad, estará atento a las voces fuera de tono o alzadas, procedentes de los despachos, en especial si se ha apreciado la actitud inadecuada durante la permanencia en la sala de espera.

Este punto también sería extrapolable a la zona de consultas externas, siempre que le número de efectivos fuese suficiente, así como a los llamados puntos de atención a usuarios, donde éstos piden, de forma presencial, cita para especialistas médicos o pruebas diagnósticas prescritas por aquellos, o formulan quejas del servicio público de salud.

-Perfecto conocimiento, especialmente, de los Planes de Emergencia y Evacuación, tal y como se desarrollan en el *Tema 13, La protección ante artefactos explosivos en su apartado 13.9.-*

-Rondas: Deben de ser practicadas tanto por salas técnicas para la sostenibilidad de la energía del centro así como todas las plantas del complejo, observando el adecuado funcionamiento de las puertas y vías de emergencia, así como de los medios técnicos contra incendios.

-Se deberá prestar atención a que las vías de comunicación del tráfico rodado que conecten el exterior con el complejo estén libres de obstáculos, en especial con los servicios de urgencia, pero también el helipuerto.

TEMA 7. El control de accesos. Finalidad. Organización: Medios humanos y materiales.
Procedimiento de actuación: Identificación, autorización, tarjeta acreditativa y registro
documental de acceso.

7.1.- Introducción al Control de Accesos.

La misión fundamental de cualquier sistema de control de accesos es, en primer lugar, permitir el libre acceso a personal, vehículos o mercancías que estén autorizado a ello y, en segundo lugar, impedir, retardar o detectar aquellos otros accesos no autorizados.

De ello debe desprenderse que sus objetivos primarios son la identificación de las personas, vehículos y mercancías e impedir el paso de aquellos que no han sido debidamente acreditados, o autorizados, para acceder a áreas restringidas. De forma secundaria, nos ayudará a conocer el número de personas y vehículos que han tenido libre paso a aquellas zonas, a la vez de los intentos no autorizados.

7.2.- El Control de Accesos: Finalidad.

Por lo tanto, la finalidad de todo control de accesos será:

-Conocer las personas y vehículos que están autorizadas a acceder al inmueble, o salir de él.

-Delimitar los periodos en los que se pueden realizar dichos accesos o salidas.

-Delimitar las zonas de acceso restringidas.

-Conocer y controlar las mercancías que pueden acceder al inmueble, o salir de él, así como quiénes son los remitentes o destinatarios, respectivamente, así como los procedimientos para dichas operaciones.

-Impedir la entrada de personas, vehículos o mercancías que pudiesen ser una amenaza para el inmueble.

Si bien estas son sus finalidades fundamentales, éstas se ampliarán y matizarán en el *Tema 13, La Protección ante Artefactos Explosivos*.

7.3.- Organización: Medios Humanos y Materiales.

La Ley de Seguridad Privada 5/2014, en su artículo 32, estable como una de las funciones de los vigilantes de seguridad, como medio humano, el efectuar controles de identidad tanto de personas, mercancías, objetos personales y vehículos, incluyendo su interior, tanto en el acceso como en el interior de instalaciones.

Para dicha práctica, como establece el mismo artículo, ordena que no podrá retener la documentación personal, pero sí impedir el acceso a las instalaciones, en caso de la negación a no exhibir dicha documentación o al no permitir el control a objetos, e incluso a ordenar el abandono de las mismas en caso de dichas negativas.

Por su parte, el Reglamento de Seguridad Privada en vigor, Real Decreto 2364/1994, en su artículo 77, establece que dotará a los visitantes de dichas instalaciones de las credenciales e instrucciones propias, permitiendo su acceso a aquellas áreas para las que se recibiese autorización previa, retirando las credenciales, una vez finalizada la correspondiente visita.

De ello se desprende que el vigilante de seguridad, en el ejercicio de sus funciones, forma parte primordial de aquellos procedimientos de actuación, que se verán en adelante, de las que debe de reunir un control de accesos y, por lo tanto, garantizar, como medio humano, la seguridad de los inmuebles y propiedades donde presta sus servicios.

No obstante, como medios complementarios a las funciones de los vigilantes de seguridad, se instalan sistemas activos con objeto de la mejora de los procedimientos de actuación.

En conjunto, las funciones de los vigilantes de seguridad y dichos sistemas automáticos o semiautomáticos relegarían las funciones de los primeros en supervisores de los sistemas activos, identificando y dando solución a incidencias que pudiesen provocar falsos positivos y negativos de dichos sistemas.

El segundo de los casos los falsos negativos, significa la prohibición de los medios materiales, en concreto del citado sistema activo de control de accesos, a persona, vehículo o mercancía que sí cumplió con los procedimientos de identificación, autorización, acreditación y registro. La probabilidad de concurrencia de este supuesto, no supondría un problema importante de seguridad estrictamente, pero sí un error en contra del principio de injerencia mínima de todo sistema integral de seguridad.

Por contra, el primero de los términos, los falsos positivos, significa la validación de los medios materiales, el sistema activo de control de accesos, a persona, vehículo o mercancía que no cumplió con todos o alguno de los procedimientos de identificación, autorización, acreditación o registro. La probabilidad de concurrencia de este supuesto, sí supondrá un problema de seguridad, dado que se ha facilitado acceso a personas o vehículos, o la salida de vehículos o mercancías, que no debía haberse producido.

Por lo tanto, ante el descubrimiento de cualquiera de ambos supuestos, el vigilante de seguridad debe dar resolución, como se dijo, sobre la supervisión de los sistemas activos.

Los *sistemas activos* para el control de accesos más utilizados:

-Dispositivos para la introducción de claves.

-Dispositivos lectores de tarjetas: basados en la lectura de tarjetas, dotadas de bandas magnéticas, chips, infrarrojos, aproximación, etc.

-Dispositivos biométricos: basados en la lectura de componentes biológicos de las personas, como huellas dactilares, iris ocular, la voz, etc.

-Dispositivos de lectura de matrículas o de lectura de dispositivos electrónicos dotados a vehículos.

-Dispositivos de lectura de códigos de barras.

-Dispositivos mixtos: en un mismo dispositivo se incorporan lectores de claves y biometría, por ejemplo.

Estos dispositivos irán conectados a otros *medios físicos* que actúan como barrera física de entrada o salida y que, al contar con el cumplimiento de los procedimientos de actuación, permitirá el paso o, en caso contrario, lo impedirá:

-Tornos automatizados.

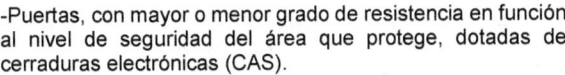

-Puertas, con mayor o menor grado de resistencia en función al nivel de seguridad del área que protege, dotadas de cerraduras electrónicas (CAS).

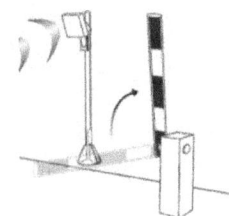

-Barreras en viales de circulación de vehículos.

7.4.- Procedimiento de Actuación: Identificación, Autorización, Acreditación y Registro Documental de Acceso.

El procedimiento de actuación de todo control de accesos debe cumplir estas cuatro funciones:

-Identificación: Se realizará por medio de los documentos oficiales o particulares que se establezcan, o bien mediante sistema de claves, tarjetas de acreditación o elementos biométricos.

-Autorización: Que se producirá una vez se produjese la primera y no existan inconvenientes para permitir el acceso.

-Acreditación: Mediante una acreditación bien sea permanente o temporal.

-Registro: Quedando reflejado el acceso, o la salida, observando el respeto a la Ley Orgánica de Protección de Datos de Carácter Personal.

7.4.1. -Identificación: Su objeto es la comprobación de la identidad de las personas, vehículos o mercancías que pretendan acceder al inmueble.

La identificación de personas se podrá realizar por medio de documentos oficiales, tales como DNI, permiso de conducir o pasaporte, o bien otros documentos o tarjetas corporativas diseñadas a tal efecto por las entidades con el fin de que no exista la necesidad de la utilización de los primeros, además de lectores para éstas o sistemas electrónicos de identificación biométricos.

En el caso de la utilización de documentos oficiales, éstos no podrán ser retenidos, limitándose el vigilante de seguridad a la comprobación de la identidad, anotando aquellos datos que se indicarán, siendo devuelta al titular una vez se ha realizado el correspondiente registro.

7.4.2.- Autorización: Tras la identificación correcta, se debe ratificar que cuentan con autorización para acceder al inmueble, para lo cual, debe constar dicho requisito por escrito, u otro soporte, previamente, donde costará el nivel de seguridad al que podrá optar dentro de la edificación.

Cuando las personas, vehículos o mercancías no consten en el soporte de autorizados, se solicitará dicha autorización al teórico responsable de recibir dicha visita o mercancía.

Como normal general a las personas, con el objeto de facilitar la autorización de acceso, se les suelen proveer, por parte de los departamentos de seguridad, de tarjetas corporativas de carácter personal e intransferible, pudiendo ésta ser corroborada la identidad con el DNI para la comprobación fehaciente de que el que pretende utilizarla es el correspondiente autorizado.

7.4.3.- Acreditación: Se trata de dotar a las personas, vehículos o mercancías de documento que, al ser visto o leído por elementos electrónicos, den fe de haber sido identificados y autorizados de forma previa.

Hoy día, ya como norma general, a las personas se les dota de tarjetas de acreditación pudiendo ser éstas permanentes o transitorias:

-Las primeras, las **permanentes**, son expedidas a empleados y otros trabajadores, como a subcontratados, que prestan sus labores profesionales, de forma habitual y continuada, en las instalaciones. Las conocidas como *tarjetas corporativas.*

Éstas pueden llevar inscripción del nombre del portador para poder ser verificado el hecho de un uso debido contrastando los datos con otros documentos oficiales o la corroboración de la identidad mediante lectores biométricos.

-Por su parte, las **transitorias**, lo son para aquellos que precisan tener permisos de paso de manera temporal y limitado, las *tarjetas de visita.*

Tanto unas como otras podrán llevar insertadas bandas magnéticas, chips o lectores de proximidad con objeto permitir el paso del portador a aquellas zonas donde le está permitido y, por contra, evitarlo a aquellos niveles de seguridad para los que carece de autorización.

Por su parte, para el caso de los vehículos que se identificasen y autorizasen previamente, también pudiendo ser con carácter permanente o transitorio, son dotados de documentos visibles que, en general, se posan sobre el parabrisas, donde consta, al menos, el número de placa del vehículo.

Si bien este sistema, aunque básico es efectivo, se utiliza para ambos caracteres cronológicos, con mayor frecuencia en la actualidad para vehículos con autorización de paso permanente, existen dispositivos electrónicos que son leídos automáticamente cuando se pretende acceder, de forma que la intervención humana para su verificación es mínima.

A las mercancías se le suele administrar etiquetas para cumplir con la función de la acreditación. Éstas puede tener incorporadas sistemas de lectura de códigos de barras o chips que, al ser leídos por los elementos electrónicos a tal efecto, al igual que para vehículos y personas, detectará cual será el destino de las mismas dentro de las instalaciones o, por el contrario, si debe salir de ellas.

7.4.4.- Registro documental de acceso: Por medio de esta función se deja constancia de los datos de aquellas personas u objetos que han sido autorizados e identificados, para su acceso o salida de las instalaciones.

El registro puede ser físico, libro de registro, o ser informatizado, generalmente, en soportes como en bases de datos, hojas de cálculo o programas diseñados para tal efecto

Sea de uno u otro, en el registro, para la acreditación de las personas, constarán datos como: Nombre y apellidos, DNI, motivo de la visita, ubicación de la misma y persona a la que se visita, hora en la que se produce el acceso y la de la salida.

Para los vehículos: Placa de matrícula, persona a la que pertenece que también será acreditado, así como horas de acceso y salida.

Para las mercancías: Persona de la instalación a la que va destinado, remitente, hora de entrada o de salida si fuese el caso, descripción del contenido.

En lo concerniente a esta función de los controles de accesos, goza de especial trascendencia la Ley Orgánica 3/2018, de Protección de Datos Personales y garantía de los derechos digitales, en la que, para el tratamiento de datos en su artículo 4, *Exactitud de los Datos,* remitiéndose al artículo 5, apartado e, *Principios Relativos al*

Tratamiento, del Reglamento (UE) 2016/679 del Parlamento Europeo y del Consejo, relativo a la protección de las personas físicas en lo que respecta al tratamiento de datos personales, deben de ser adecuados, pertinentes y limitados a lo necesario en relación con los fines para los que son tratados («minimización de datos»).

La misma Ley Orgánica, en su artículo 6, indica que a aquellos que se les recaba los datos deben ser conocedores, de forma expresa, precisa e inequívoca de la existencia del registro, de la necesidad de contestar a las preguntas que se hagan para el cumplimiento del mismo, de la posibilidad de ejercer sus derechos y ante qué estamentos.

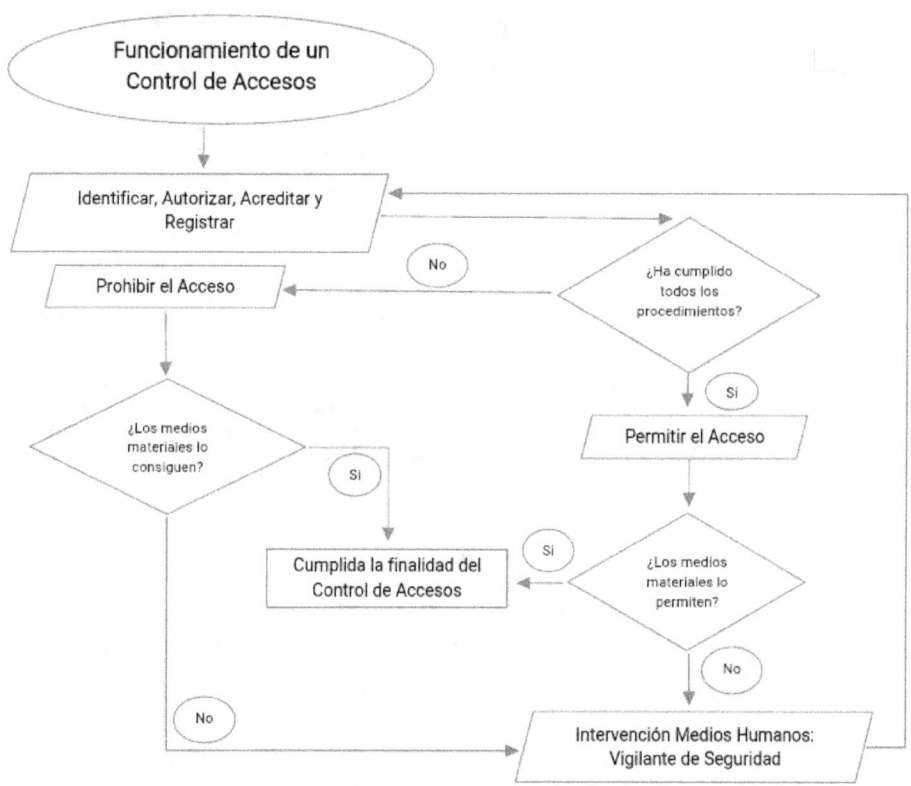

(Flujograma sobre el funcionamiento de un Control de Accesos)

67

TEMA 8. La protección de polígonos industriales y urbanizaciones. Características de estas zonas. Rondas de vigilancia a pie y en vehículo. Recorridos y frecuencias. Procedimientos de actuación: Identificación de personas.

8.1.- Introducción a la Protección de Polígonos Industriales y Urbanizaciones.

Aunque todos tenemos más o menos claro qué es un polígono industrial y una urbanización, cabe reseñar que el primero son un conjunto de unidades productivas, ya sean fábricas, centros de tratamiento de materiales o materias primas, talleres, centros de distribución al por menor, etc., mientras que las urbanizaciones son conjuntos de viviendas, ambas generalmente, distantes de los centros urbanos.

Tal y como establece la Ley de Seguridad Privada 5/2014, en su Artículo 41.2.A, se precisa autorización previa para la prestación de servicios de vigilancia en éstas zonas delimitadas, incluyendo en sus vías o espacios de uso común, y siempre en coordinación, cuando se procedente, con las FFCCSS y con arreglo a sus instrucciones.

En referencia a dicha autorización previa, el Artículo 80 del Reglamento de Seguridad privada, Real Decreto 2364/94, indica que estas zonas deberán estar netamente delimitados y separados de los núcleos urbanos, para la obtención de la autorización para la prestación de servicios, no existiendo solución de continuidad entre sus distintas partes, por vías de comunicación ajenas a las mismas. Tampoco podrá hacerse un uso público de sus calles por circulación frecuente de vehículos ajenos a ellas, así como que la gestión de los elementos comunes y la prestación de servicios no sea competencia de la administración pública, debiendo de contar con administración específica de manera que puedan tomar decisiones de forma global.

El mismo artículo hace alusión a que el servicio en vías de uso común deberá de realizarse por una única empresa de seguridad (con independencia de aquellos que contratase cada propietario para el interior de sus bienes) y que deberá de ser prestado, al menos durante el horario nocturno, por dos vigilantes de seguridad, con medios de comunicación entre ambos y la propia empresa, así como de disponer de medios de desplazamiento adecuados acorde a la extensión de las zonas.

8.2.- Características de los Polígonos Industriales.

Se caracterizan por la concentración de, como se dijo, unidades productivas, es decir, industrias, dedicados a diversas actividades y, por tanto, la propia diversidad de éstas, eleva la "*diversidad*" también en las amenazas.

Las más frecuentes suelen ser la intrusión, robos con fuerza en interior de las industrias, incendios tanto accidentales como intencionados, sin olvidar los accidentes laborales.

El control sobre las personas que por ellos transita se agrava también por la propia diversidad de actividades, ya que cada industria cuenta, en función a su actividad empresarial, con horarios de atención al público y laborales distintos.

De ésto se desprende que durante los horarios diurnos no festivos es en los que se concentran el mayor riesgo de materialización de las amenazas relacionadas con los accidentes laborales e incendios accidentales. Por contra, en los horarios nocturnos y diurnos festivos, aunque principalmente en los nocturnos, se concentra mayor riesgo a la materialización de amenazas de índole antisocial, tales como intrusión, robos con fuerzas e incendios provocados.

En la mayoría de los casos, los polígonos industriales no están protegidos perimetralmente por cierre físico, con el lógico incremento de vulnerabilidad para la comisión de actos de índole antisocial.

Cabe mencionar que, en todo Plan Integral de Seguridad que se realice sobre estos objetos de protección, deben reseñarse todas las empresas que en los polígonos desarrollen sus actividades, así como una explicación de en qué consisten, además de su propio análisis de riesgos y vulnerabilidades pormenorizado e independiente de una unidad productiva de otras.

8.3.- Características de las Urbanizaciones.

Estas zonas se caracterizan, a diferencia de los Polígonos Industriales, por la concentración de viviendas unifamiliares, no existiendo, por lo tanto, diversidad de actividad empresarial.

Al igual que en los Polígonos Industriales, se concentran riesgo de materialización de amenazas de índole antisocial como la intrusión y los robos con fuerza, con el agravante de la nocturnidad y de los riesgos añadidos sobre las personas que las habitan, especialmente.

Por lo tanto, el servicio de vigilantes de seguridad en urbanizaciones, debe garantizar la seguridad y libertad de los habitantes de las viviendas, que en ellas se comprenden, además de ser esencial la discreción, si bien, el conocimiento de los vecinos de estas zonas, sus vehículos y personal que pudiese trabajar en las mismas, también será de interés, sobre todo, en la consecución del principio de injerencia mínima.

8.4.- Características Generales de la Prestación de Servicios en estas Zonas.

En términos generales para ambas zonas, el vigilante de seguridad debe conocer los lugares desde donde se distribuyen, o "*enganchan*", las comunicaciones, suministros esenciales como agua o electricidad y las alarmas de las que se dispone, bien de forma globalizada o bien particular de las viviendas y naves, así como aquellos otros donde sean susceptibles los accidentes, como balsas, pozos, torres de alta tensión, árboles con posibilidad de desprendimiento de ramas, etc.

Tanto en estas zonas como en cualquiera otra donde el vigilante de seguridad preste sus servicios, el conocimiento de las vulnerabilidades de los lugares será esencial para el desarrollo de sus funciones, bien de forma activa prestando mayor atención a esos puntos o bien de forma que se pueda aconsejar a las propiedades medidas con el objeto de la reducción del riesgo.

En cuanto a la materialización de los riesgos de índole antisocial, cabría destacar, con mayor índice en este punto, ciertas teorías criminológicas que apuntalan la llamada "*Teoría Térmica*".

Éstas sostienen que los delitos no se producen en número regular a lo largo del año, sino que las estaciones relacionan a la comisión de hábitos delictivos: Durante los meses de invierno se comenten más infracciones penales contra el patrimonio, mientras que en los meses cálidos aumentan los que se cometen contra las personas.

De cualquier forma, si bien estas teorías deben de ser tenidas en cuenta, por todo profesional de la seguridad, en tanto en cuanto que en función de que el objeto de nuestra protección, ya sean polígonos industriales o urbanizaciones, el bien principal a proteger serán bienes o personas, nunca se debe de dejar de tener interiorizado que, por su fase de aplicación, la **prevención, detección, retardo y reacción**, coincidiendo con las funciones básicas de cualquier plan integral de seguridad, conformarán la columna vertebral de nuestro cometido, con independencia de estación meteorológica, horario o climatología imperante.

Valiendo como recordatorio de lo ya estudiado, en aplicación sobre estas zonas:

-Prevención: Son aquel conjunto de medidas que se aplican con anterioridad a la materialización de la amenazas, en especial, de índole antisocial.

Por lo tanto, las medidas preventivas serán de índole:
-*Organizativo*: como pueden ser los órganos de decisión de los servicios de seguridad y su estructura *(contactos ante eventualidades: contar con números teléfonos de miembros de los departamentos técnicos, por ejemplo...*), los planes de seguridad integral (*en especial los planes de emergencia y evacuación*) la prevención de riesgos laborales, etc.
-De *Formación.*
-*Análisis de riesgos*, con la consecuente identificación de las amenazas.
-*Auditorías sobre los planes de seguridad.*

-Detección y Retardo: Aquellas otras medidas de protección que se aplican en el momento de la materialización de las amenazas.

Tales como, recordemos:
-*Medios técnicos activos*, como podrían ser la seguridad electrónica, para el caso de la detección (Elementos de Detección de Intrusión, CCTV...).
-*Medios técnicos pasivos*, como podrían ser cerramientos físicos, para el caso del retardo (Muros, Vallados, etc..).
-*Medios humanos de seguridad*: Vigilantes de seguridad, tanto presenciales en rondas o patrullas, en vigilancia estática o prestando servicio en Centros de Control.

-Reacción: Aquellas que, si bien son de aplicación en el momento de la materialización de las amenazas, habiendo no siendo efectivas, o suficientes, la de detección (debidamente señalizadas) y retardo, deben de activarse.

Éstas, por lo tanto, podrían ser:
-Los *procedimientos de actuación* de las Centrales de Receptoras de Alarma ante alarmas confirmadas.

8.5.- Rondas de Vigilancia a Pie y en Vehículo. Recorridos y Frecuencias.

Conviene aclarar, a grandes rasgos, dos términos que suelen confundirse pero que, sobre la práctica, se ha solapado: se habla de ronda a la acción de la misma por un solo individuo, mientras que patrulla se conforma su realización por binomios, como mínimo.

Cuando en términos de seguridad se habla de ronda de vigilancia, bien sea por parte de un vigilante o dos, nos estamos refiriendo a recorridos, con carácter principalmente preventivo, que se realizan durante la prestación del servicio, con el objetivo de evitar hechos delictivos o situaciones de peligro.

Para el cumplimiento de su principio de existencia se debe observar la zona de la que se tiene la ronda de vigilancia por cometido, de tal manera que puedan ser detectados hechos fuera de lo normal que pudiesen poner en entredicho la seguridad o la vulneración de la misma.

Aplicadas las rondas de vigilancia a las zonas que nos ocupan, Polígonos Industriales y Urbanizaciones, éstas pueden clasificarse, *teniendo en cuenta el área a cubrir* dentro de la esfera de la seguridad, en:

-**Rondas Perimetrales**, siendo, por lo tanto, la que se realiza de forma más alejada del núcleo de protección, es decir, en el límite, o cercano al mismo, del Polígono o Urbanización objeto de nuestra protección.

-**Rondas Interiores**, es decir, aquellas que realizaremos entre el perímetro y el núcleo, o interior de éste mismo, de dichas zonas, con lo cual hablamos de las calles y vías que conforman el Polígono o Urbanización.

Sin embargo, si para una clasificación de las rondas de vigilancia nos atenemos *a los medios auxiliares* con las que se realizan, serán:

-**Rondas a Pie**. Dentro de éstas podrían subdividirse en la utilización de perro o sin su utilización.

-**Rondas en vehículo**, como se dijo, adecuado a la extensión que se debe de cubrir.

Las rondas de vigilancia a pie, ateniéndonos al término definido de *ronda*, es decir, por un solo vigilante de seguridad, deberán de realizarse prestando atención a la siguiente forma de ejecutarlas:

-Se procurará siempre realizarlo en orden inverso al de la circulación, de tal forma que podamos ver con claridad los vehículos que se nos aproximan de frente y quedemos a salvo de aquellos que nos vienen en sentido contrario, tratando que sean sobre las aceras, de existir.

Cuando las rondas de vigilancias a pie sea en *patrulla*, es decir, por binomios:

-Si la vía es estrecha, será muy conveniente hacerla de forma que cada uno de los miembros del binomio, generalmente, cubra una de las aceras o extremos, pero guardando, en especial el vigilante de seguridad que la realice en el sentido de la marcha de los vehículos, todas las precauciones necesarias para no ser arrollado.

-La principal ventaja, como es lógico de las rondas de vigilancia en patrulla es la protección que proporciona el propio compañero a la hora de su realización.

Para ambas modalidades, es muy aconsejable:

-Comprobar que los medios de comunicación con los compañeros y la empresa de seguridad, funcionen adecuadamente, además del resto de elementos auxiliares tales como linternas y teléfonos móviles.

-Es importante detenerse en aquellos lugares, como se explicó en las características de estas zonas, donde la vulnerabilidad sea detectada.

Las rondas de vigilancia en vehículo, se deberán realizar bajo la observación de las siguientes prevenciones:

-Con independencia que la mayor parte del recorrido se haga en vehículo, para aquellos lugares de mayor vulnerabilidad, se debe de bajar del mismo, con objeto de poder observar, con mayor detalle, dicha zona.

-Cuando esto sea necesario, es decir, bajar del vehículo, hay que procurar no dejarlo fuera de la vista pero si dicha circunstancia no fuese posible, es preciso revisarlo en busca de posibles sabotajes.

-De forma inexcusable hay que respetar las normas de circulación, si bien, la ronda conviene realizarla a baja velocidad, así como con las ventanillas bajas, tratando de realizar una buena observación del rango de la ronda incluyendo oír sonidos fuera de lo común o llamadas de auxilio.

-En caso de la ronda en vehículo en binomio, el vigilante de seguridad que no conduzca será el encargado de las comunicaciones y del manejo del GPS, etc.

Para cualquiera de las modalidades de ronda de vigilancia, en lo concerniente a *recorridos y frecuencias*, se deberá tener cuenta:

-Habrá que evitar que los recorridos sean rutinarios y tratar de que se realicen a horarios distintos.

-Tanto para su inspección respecto a la frecuencia y que formen parte de los recorridos, como se ha ido mencionando, hay que tener siempre presente los lugares con vulnerabilidades observadas como aquellas ubicaciones donde se distribuyen, o "enganchan", las comunicaciones, suministros esenciales como agua o electricidad.

-Para conseguir la efectividad buscada de las rondas, tanto los recorridos como las frecuencias, deberán de programarse con diligencia, con independencia de aquellos marcados por las operativas pero sí con total dependencia de las circunstancias del servicio y aquellas causas que vayan surgiendo en su transcurso.

-En los partes diarios de trabajo, se anotarán, además de las horas de realización de las mismas, aquellos itinerarios para cada una así como el resultado de las observaciones.

8.6.- Procedimientos de Actuación: Identificación de Personas.

A la hora de proceder a la identificación de personas, tanto en Polígonos Industriales como Urbanizaciones, podrán existir dos causas:

-Si el Polígono Industrial o Urbanización no cuenta con control de accesos: Si este fuese el supuesto, el vigilante de seguridad solamente podrá solicitar la identificación de personas ante la existencia de indicio racional de la comisión de un hecho delictivo, procediendo a la puesta a disposición de las FFCCSS tanto al presunto delincuente como a los efectos e instrumentos utilizados para la comisión del mismo, reflejándolo en el parte de servicio, tal y como indica el Artículo 80, Servicio en polígonos industriales o urbanizaciones, el RD 2364/94, Reglamento de seguridad privada, como también se desarrollará en el **Tema 11, La protección de pruebas e indicios**.

-Si el Polígono Industrial o Urbanización cuenta con control de accesos: Tal y como se explicó en el **Tema 7 sobre Controles de Accesos**, en aquellos casos en que sea requisito indispensable para la identificación de aquellos que precisen acceder.

TEMA 9. La protección de fondos, valores y objetos valiosos (I). El transporte de estos materiales: Características de los medios humanos y materiales. Medidas de seguridad antes, durante y después del servicio. Técnicas de protección. Ofensivas y defensivas.

9.1.- Introducción al Transporte de estos Materiales.

Esencialmente, el transporte de fondos, valores y objetos valiosos consiste en gestionar los mismos mediante la recogida de éstos en las dependencias de los clientes y su traslado hasta las cámaras acorazadas de las empresas de seguridad.

Sin embargo, dicha gestión, puede extenderse, también, al traslado desde las mencionadas cámaras acorazas de la empresas de seguridad, hacia otras entidades, cajeros automáticos o al Banco de España, una vez realizado el recuento de fondos, pasando por la protección de los mismos.

De hecho, la Ley de Seguridad Privada, 5/2014, define a éstas como actividades de seguridad privada, en su artículo 5, extendiendo la misma a su depósito, custodia, recuento y clasificación en lo relativo a monedas y billetes, pero también para títulos-valores, joyas, metales preciosos, antigüedades, obras de arte y otros objetos que por su valor, bien sea económico, histórico o cultural puedan requerir de vigilancia y protección especial, además de su propio transporte.

9.2.- El transporte de estos Materiales: Características de los Medios Humanos y Materiales.

Estos objetos en itinerancia, es decir, al ser transportados, aumenta exponencialmente su vulnerabilidad ante la manifestación de amenazas de índole antisocial por su propia idiosincrasia de valor, además de aquellos de origen accidental, como los propios accidentes de circulación.

Por otro lado, el propio traslado a pie por parte de vigilantes de seguridad desde las entidades hasta los vehículos y viceversa, conlleva la adaptación de la legislación aplicable para dichos servicios de seguridad con objeto de una adecuada protección, ya no sólo de los bienes sino también de las personas a su cargo.

En lo que respecta a las *Características de los Medios Humanos*, el Reglamento de Seguridad Privada en vigor, en su artículo 33, Dotación y Funciones, detalla dichas características con las que han de prestarse estos servicios.

Por un lado, ordena que la dotación de la que deben de estar compuesta los furgones blindados serán, al menos, de una composición de tres vigilantes de seguridad, uno de los cuales realizará las funciones exclusivas de conductor del vehículo, además de controlar los dispositivos de apertura y comunicación, durante las operaciones de carga y descarga, manteniendo el motor en marcha del mismo.

Por otro, durante las mismas maniobras de carga y descarga, otro de los vigilantes de seguridad serán desempeñadas por otro de los vigilantes de seguridad, encargándose de la protección de éste y su carga por el tercero de ellos.

Para la prestación de estos servicios, los vigilantes de seguridad serán prestados con el arma de fuego reglamentaria, tal y como indica el artículo 40, Servicios con Armas de Fuego, de la Ley de Seguridad Privada.

En lo que atañe a las *Características de los Medios Materiales*, la orden INT/314/2011, sobre Empresas de Seguridad Privada, en su artículo 10, detalla la división con la que debe contar un furgón blindado, en resumen dividido en:

-Compartimento delantero, donde se sitúa el conductor, separada ésta del compartimento central por una mampara blindada, pudiendo sólo accionarse la apertura de la puerta delantera derecha desde el interior.

-Compartimento central, donde viajan el resto de los vigilantes de seguridad, con una puerta a cada lado, separado del compartimento posterior por otra mampara blindada y una puerta blindada separándolo de la zona de carga, en sistema de exclusa con respecto a las puertas laterales del vehículo.

-Compartimento posterior, divido en zona de reparto y de recogida, separadas por, también, mampara blindada. Las puertas traseras con las que podrá contar sólo podrán ser abiertas en zonas exclusas donde pueda acceder el vehículo, como la zona de entrega en la propia empresa de seguridad. La llave de éstas puertas sólo se encontrarán en la sede la empresa de seguridad donde el blindado preste sus servicios.

El mismo artículo ordena los niveles de resistencia del blindaje con los que debe contar cada parte que conforma el vehículo, dividiendo las partes traslúcidas, que deberán atenerse a lo determinado a la Norma UNE-EN 1063 y los opacos lo propio de la Norma UNE 108132.

También detalla, este artículo, el resto de dispositivos con los que debe contar, y su distribución, tales como troneras, dispositivos GPS para el control desde su base, sistemas de comunicación adecuados, antena para dichas comunicaciones, cerramientos electrónicos para las puertas, sistemas de alarma acústico y luminoso, depósito de combustible adecuado, protección contra la obstrucción de la salida de gases del motor, aire acondicionado, extinción de incendios, documentación precisa, etc.

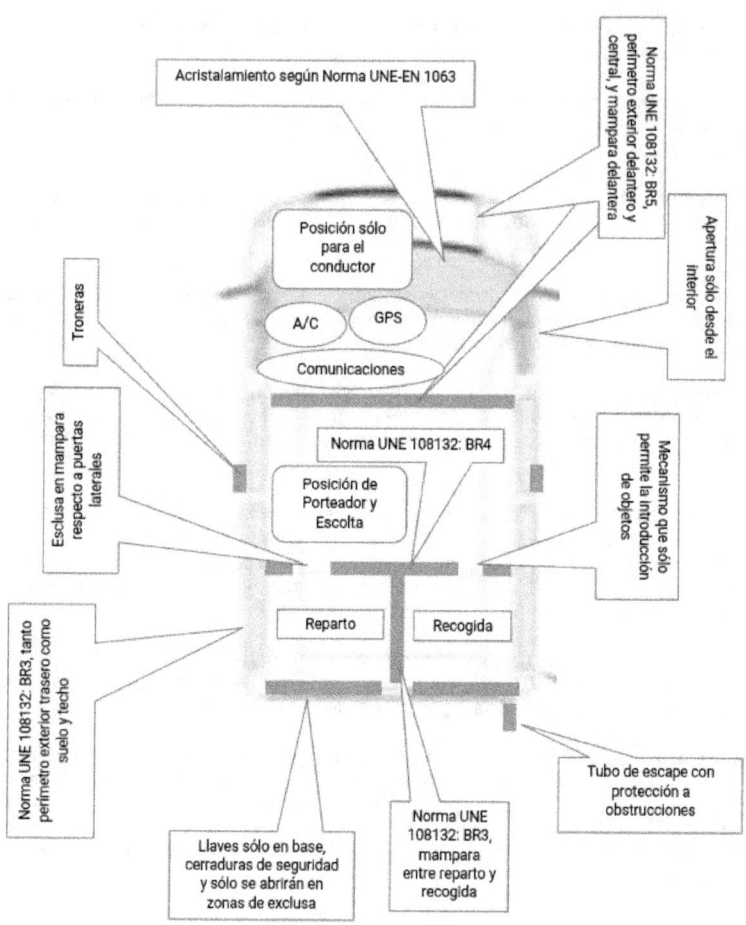

(Composición básica de un furgón blindado)

9.3.- Medidas de Seguridad Antes, Durante y Después del Servicio.

9.3.1.- Medidas de Seguridad Antes del Servicio:

Como normal general, *antes* de cualquier servicio de seguridad prestada por vigilante de seguridad, la dotación debe personarse con puntualidad, debidamente uniformados, con la dotación, armas y munición adecuadamente anotadas en los libros registros.

En lo que respecta al vehículo, deberá de estar repostado y limpio para el comienzo del servicio. Las medidas de seguridad accesorias, tales como extintores y ruedas de repuesto, en perfectas condiciones de utilización en caso de ser necesario.

Igualmente, los líquidos necesarios del vehículo, tales como aceite y anticongelante, así como el correcto funcionamiento de las luces, deberán de ser revisados antes del comienzo del servicio.

En términos generales, será responsabilidad del conductor las indicaciones de los dos últimos párrafos, así como el hacerse cargo de que el vehículo cuenta con su documentación en regla y a bordo del mismo.

9.3.2.- Medidas de Seguridad Durante del Servicio:

Durante el servicio, se deberá, en la medida de lo posible, respetar lo indicado en la hoja de ruta en lo referente a horarios. De no ser posible, se comunicará a la base dichos retrasos y sus causas.

Siempre hay que recordar que el momento de mayor vulnerabilidad para los vigilantes de seguridad se produce durante los desplazamientos desde el vehículo hasta la recogida y entrega, o viceversa. Por ello, aunque resulte obvio, será imprescindible que los encargados de dichos trayectos porten adecuadamente su dotación, armamento y los chalecos antibalas.

Al comenzar dichos recorridos, en un sentido u otro, especialmente el encargado de dar protección al portador de los bienes, deberá observar el entorno en busca de amenazas. Por ello, este vigilante, llamado "escolta" será el primero en bajar del vehículo y de salir de las entidades, saliendo su compañero que porta los bienes, el "porteador", el que le siga una vez el primero indique el momento para ello.

Mientras tanto, en dichos desplazamientos a pie de los vigilantes de seguridad con los fondos, el conductor deberá permanecer en el interior y con el motor en marcha, en términos generales.

De cualquier forma, *las maniobras del vehículo* blindado y su dotación podrían esquematizarse, durante la prestación del servicio en:

-*Aproximación*. Serán aquellas maniobras en las que el vehículo se acerque a la entidad del cliente, e incluso al regreso a su base, con objeto de recogida o entrega de los bienes objeto de custodia. Durante dicho acercamiento, en especial el conductor, realizará un análisis de la situación en base las circunstancias que vaya encontrando, tales como vehículos mal aparcados, personas aparentemente desocupadas, etc.., evaluando los riesgos que podrían dar lugar a la materialización de amenazas.

El aparcamiento del vehículo deberá de ser lo más próximo a la entidad del cliente, procurando favorecer la huida del vehículo en caso de se plantease dicha situación.

-*Recogida y entrega* de los bienes. Habrá que realizar dichas operaciones con la mayor celeridad posible y de la forma indicada, es decir, el vigilante de seguridad "porteador" transportará los bienes mientras que el vigilante de seguridad "escolta" prestará protección en el transcurso de las recogidas y entregas.

En dicha tarea, durante los desplazamientos a pie, la posición más adecuada que debe ocupar el vigilante de seguridad "escolta", será a la derecha del vigilante de seguridad "porteador", y ligeramente retrasado respecto a él. Hay que recordar que el objeto de protección del primero será el segundo de los vigilantes de seguridad.

Durante los periodos en los que el porteador y escolta realizan su labor, el conductor, como se ha mencionado, permanecerá en el interior pendiente de las comunicaciones y con el motor en marcha.

-*Traslado*. Para esta operación siempre se debe mantener la reserva de los recorridos, procurando utilizar los itinerarios que proporcionen mayor rapidez.

Durante éstos, nunca se debe detener el motor del vehículo hasta la finalización de los recorridos y manteniendo, siempre, la atención al entorno como obstáculos inesperados o amenazas de cualquier otra índole.

9.3.3.- Medidas de Seguridad Después del Servicio:

Después del servicio, inmediatamente antes, se dará aviso a la base de nuestra llegada, no dejando de estar atentos hasta entrar en las instalaciones y depositar el vehículo en el lugar de destino para el mismo. Terminado el regreso, se volverá a revisar todo el material, así como informar de desarrollo de las operaciones.

9.4.- Técnicas de Protección. Ofensivas y Defensivas.

9.4.1.- Técnicas de protección Ofensivas.

El objetivo de las primeras, las *Técnicas de Protección Ofensivas* en los Transportes de Fondos, serán las de la utilización de la conducción del propio vehículo de manera ofensiva contra los autores de la agresión.

La propia seguridad física que ofrecen los vehículos blindados podría considerarse un arma de ataque, no sólo de defensa, practicando las adecuadas maniobras, aprovechando tanto su peso, potencia, estructura, velocidad e inercia en marcha.

El golpeo de nuestro vehículo dirigido al lateral del contrario, en su parte media a trasera, aproximadamente a la altura de los neumáticos traseros, dado que el peso de cualquier vehículo es muy inferior a su parte delantera, sumado a la potencia y peso del nuestro, podría conseguir el desplazamiento del contrario, incluso lo suficiente como para que se encuentre, al final de la maniobra, en contra sentido.

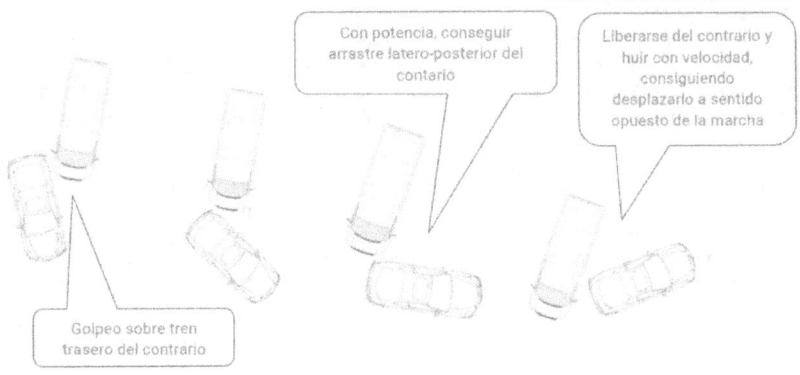

(Maniobra de conducción ofensiva I)

Si bien esta maniobra es aparentemente sencilla, en absoluto está exenta de riesgo para la dotación de nuestro vehículo. Requerirá, por lo tanto, la preparación de los vigilantes de seguridad a bordo para el impacto así como para la resistencia del vehículo enemigo.

Será la más utilizada para ataques en trayecto con el vehículo en marcha.

Otra maniobra, de carácter ofensivo, para los recorridos en marcha del vehículo, consiste, esencialmente, en la destrucción, o degradación suficiente, del tren delantero del contrario. El golpeo de nuestro vehículo contra uno de los neumáticos del atacante, teniendo en cuenta, igualmente, el peso y potencia del blindado, podrá conseguir el fuera de combate de aquel al conseguir la reducción de su capacidad de maniobra, incluso anularla.

(Maniobra de conducción ofensiva II)

En este mismo sentido, con el vehículo en marcha, se podrá dar el caso de que una maniobra de las que se estudiarán en adelante, de índole defensiva o evasiva, no sea posible o la opción de otra ofensiva sea la más adecuada ante la obstrucción de nuestra vía por objetos u otros vehículos.

En estos casos el conductor, si decidiese un ataque con el vehículo contra dichos obstáculos, deberá estudiar porqué punto hacerlo. Por ejemplo, en algún caso se podría tratar de dos vehículos cruzados en la carretera. Llegado este caso, lo más aconsejable sería atacar sobre la parte de menor peso de uno de ellos, es decir, la parte más próxima a su maletero, o que no cuente con refuerzo de otro vehículo u otro material que dificultase la maniobra.

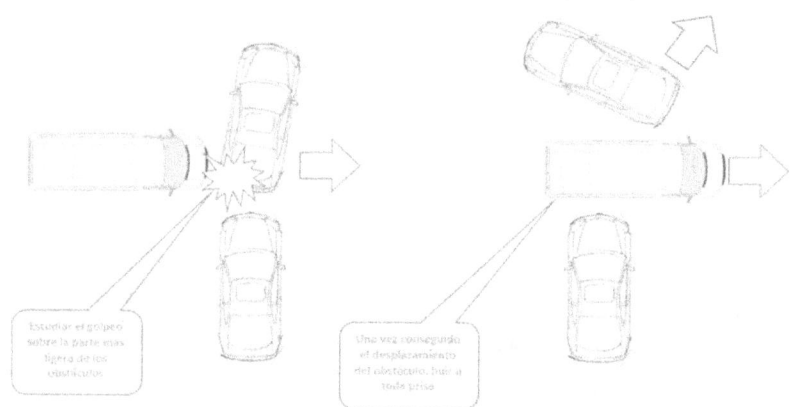

(Maniobra de conducción ofensiva III)

Destacar, en este punto, que, por norma general, ambas maniobras se realizan de forma combinada. Tengamos en cuenta que los ataques contra blindados de transporte de fondos y valores, no son perpetrados por organismos *peregrinos*, sino que lo son por bandas organizadas que, en general, cuentan con medios y más de un vehículo para atacar. Por lo tanto, es más que previsible, tener que utilizar ambas o, incluso, las siguientes defensivas.

9.4.2.- Técnicas de protección Defensivas.

Por el contrario, las **Técnicas de Protección Defensivas**, o Evasivas, de estos vehículos, persiguen evitar la agresión, eludiendo los obstáculos y sin colisionar con otros o barricadas que se les impongan.

Por supuesto, la destreza y experiencia, especialmente en éstas, del conductor son cruciales para un resultado satisfactorio. Por medio de giros y cambios de sentido de la marcha en un tiempo reducido, se procura ofrecer una dificultad añadida para los agentes agresores.

Las más utilizadas de estas técnicas de conducción evasivas son:

- -La maniobra de "vuelta corta".
- -La maniobra de "Y" griega.
- -La maniobra de "la californiana".

La maniobra de **vuelta corta**, consiste en:

Una vez descubierto el obstáculo, bien sea otro vehículo u otro material, se debe detener el vehículo. De inmediato se emprenderá la marcha hacia atrás hasta, por lo menos, 40 kilómetros por hora. Alcanzada dicha velocidad y viendo que se dispone de espacio suficiente, se frenará al máximo y girará, de forma alternativa, el volante hacia la derecha. Al derrapar el tren delantero con ello y dicho giro de volante, la inercia conseguirá desplazar el vehículo, utilizando como pivote el tren trasero, hacia su izquierda, sobre todo, su parte delantera. Una vez conseguido un ángulo superior a 90 grados respecto a su vertical con la línea exterior de la calzada, se soltará el freno y, a la par, se girará el volante a la izquierda, hasta conseguir el aproximado paralelismo con respecto a la lineal de la calzada. Inmediatamente, se acelerará para emprender la huida.

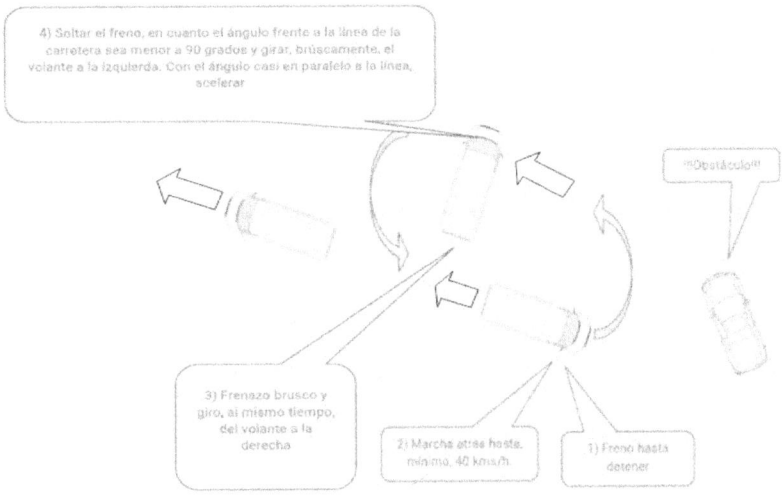

(Maniobra de conducción defensiva, o evasiva I: vuelta corta)

La maniobra de **_"Y" griega_**:

Consiste en aproximarse, reduciendo velocidad pero manteniendo revolucionado el motor, lo máximo posible, al extremo derecho de la calzada. Una vez se observa que, quedando espacio suficiente contra nuestro obstáculo, podemos hacer un giro brusco hacia la izquierda. Una vez llegados al extremo opuesto de la calzada, giraremos el volante a la derecha habiendo accionado la marcha atrás hasta conseguir que el vehículo cuente con el morro en sentido contrario al que se llevaba al inicio de la maniobra, o ya con espacio suficiente como para ya conseguirlo marcha adelante sin nueva maniobra. Llegado a ese punto, sin frenar a ser posible, se acciona la primera marcha acelerando y, posteriormente, adquiriendo velocidad progresiva, con sus correspondientes cambios de marcha, tratando de evitar derrapar.

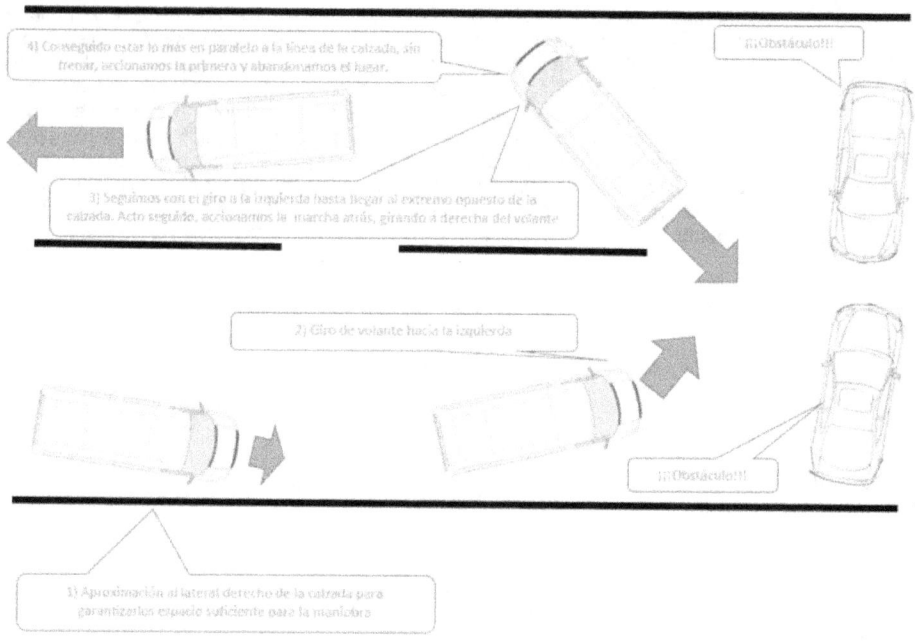

(Maniobra de conducción defensiva, o evasiva II:
"Y" griega)

La maniobra de *vuelta californiana:*

Probablemente ésta sea la que, técnicamente, revista mayor complejidad en su ejecución. Consiste en aproximarse al obstáculo, realizando un giro brusco del volante de derecha a izquierda, a la vez que se acciona el freno de mano. Con ello se consigue un bloqueo, en especial, del tren trasero. Conseguido un giro aproximado a los 180 grados respecto al sentido de la marcha anterior al inicio de la maniobra, se soltará el freno de mano, enderezando el volante para salir lo más paralelo a las líneas de la calzada posible.

En lo concerniente a esta maniobra, hay que tener en cuenta que está desarrollada para vehículos en los que el freno de mano, o estacionamiento, accione los frenos del tren trasero. Por otro lado, conviene recordar que el vehículo debe llevar una velocidad considerable y que, además, la calzada debe contar con un ancho considerable.

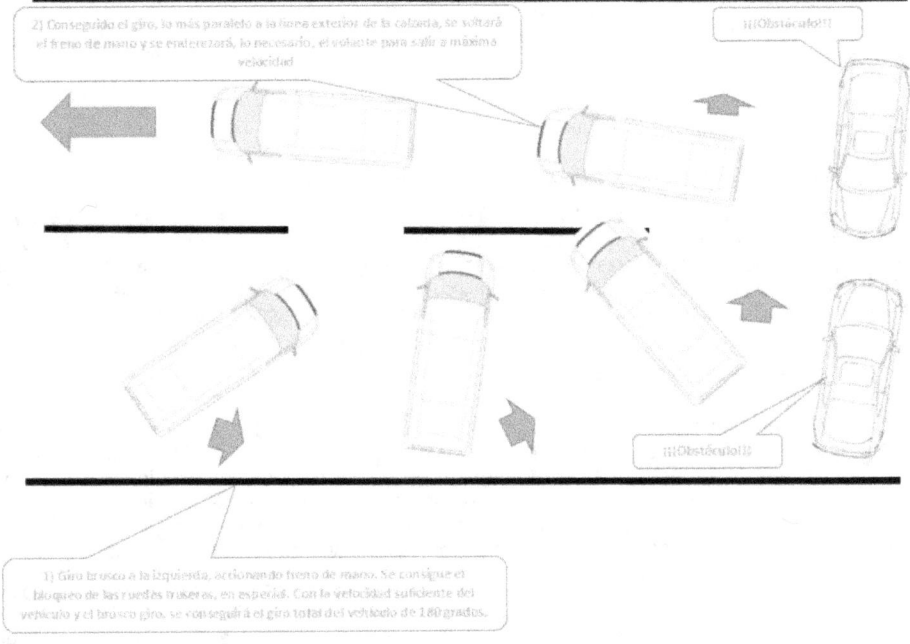

(Maniobra de conducción defensiva, o evasiva III: californiana)

En general, será más que aconsejable que los conductores cuenten con la formación específica adecuada para la realización de estas maniobras y, en todo caso, el empleo del sentido común suficiente para aplicar aquella maniobra que más se adapte al entorno.

No obstante, si bien ya se sugirió con anterioridad, no está de más que, ante un ataque contra un furgón blindado, en general, no sólo bastará con la aplicación de una sola maniobra, ya sea ofensiva o evasiva. A la hora de que la amenaza se materialice, lo normal será utilización combinada de varias técnicas, ya sean de ataque y defensa, y viceversa.

TEMA 10. La protección de fondos, valores y objetos valiosos (II). Protección del almacenamiento. Recuento y clasificación. Medios técnicos empleados en cámaras acorazadas.

10.1.- Introducción a la Protección del Almacenamiento.

La Ley de Seguridad Privada, 5/2014, en su artículo 5, extiende, como actividades de seguridad privada, al depósito, custodia, recuento y clasificación en lo relativo a monedas y billetes, pero también para títulos-valores, joyas, metales preciosos, antigüedades, obras de arte y otros objetos que por su valor, bien sea económico, histórico o cultural puedan requerir de vigilancia y protección especial, al igual que su transporte, tal y como se indicó en la introducción del Tema 9.

10.2.- Protección del Almacenamiento.

La definición más aproximada de almacenamiento de estos bienes será la de depositar las remesas dinerarias, remitidas por entidades bancarias y otras empresas, para su custodia y posterior envío al Banco de España, o a aquellas otras entidades que soliciten otras remesas dinerarias. Si bien, dicha custodia no sólo tiene por qué referirse a fondos, sino a todos aquellos bienes que por su valor, o bien por las expectativas que generan, necesiten de dicha custodia especial, bajo las medidas de seguridad que a continuación se describen, tales como obras de arte y joyas, por ejemplo.

Por lo tanto, partiendo de dicha definición y de que es actividad de seguridad privada, tal y como regula la Orden INT/314/2011, sobre empresas de seguridad privada, en su artículo 7, las empresas que dediquen su actividad, o parte de ella, al almacenamiento de estos bienes, deberán contar con zona de carga y descarga que comuniquen con el exterior por medio de sistemas exclusa únicamente permitiendo su apertura desde el interior, y otra exclusa entre la instalación y la zona de recuento y clasificación.

Otra de las medidas de seguridad exigibles será un centro de control con los correspondientes niveles de blindaje, para sus partes traslúcidas y opacas. Para las primeras, contarán con una categoría de resistencia BR4 y, para las segundas, II, según las normas UNE-EN 1063 Y UNE 108132, respectivamente. En caso de que el centro de control esté desatendido por tiempo superior a 10 minutos, un dispositivo de alarma deberá producir señal de alarma por ello.

(Apariencia aproximada del interior de un Centro de Control)

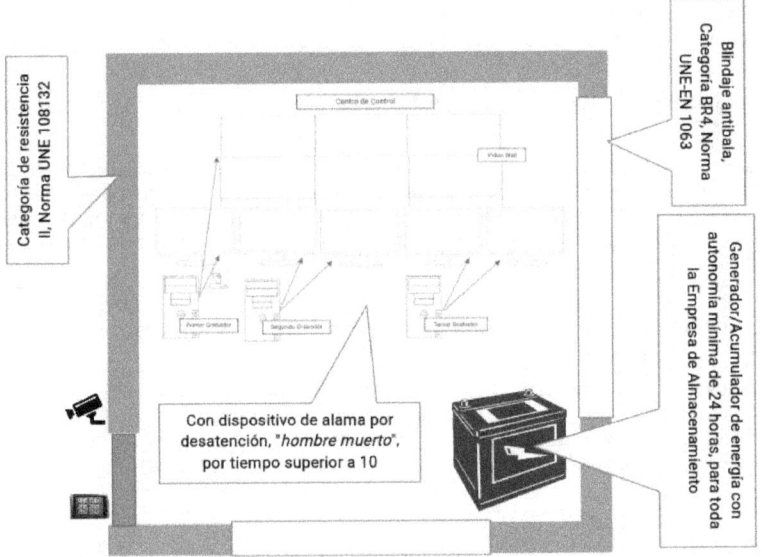

(Composición esquemática de un Centro de Control en Empresas de Almacenamiento)

Así mismo, los equipos de captación y registro de imágenes, tendrán la capacidad de identificación de autores de delitos, para la protección perimetral, controles de accesos, zonas de carga y descarga, recuento y clasificación, cámara acorazada, antecámara y pasillo de ronda de ésta.

Por último, los locales donde se desarrollen estas actividades, deberán estar conectados a centrales de alamas por medio de dos vías de comunicación, o bien una sola con supervisión permanente y una comunicación de respaldo, además de que todos los elementos de seguridad electrónica contarán con la clasificación de grado 4, o alto riesgo, según la norma UNE 50131-1.

Se recuerda que, dicho grado 4, está reservado para a las denominadas infraestructuras críticas, instalaciones militares, establecimientos militares, establecimientos que almacenen material explosivo reglamentado, y a empresas de seguridad que realicen las actividades de seguridad privada que nos ocupan, en base a lo que define la citada orden ministerial para este grado.

Por su parte la norma UNE 50131-1 define el grado 4, en base a la vulnerabilidad de los elementos de seguridad, como de alto riesgo y para usar en los casos en los que la seguridad es prioritaria sobre todos los demás factores. A los intrusos o malhechores, se les supone que disponen de las habilidades o recursos para planificar, de forma detallada, la intrusión o un atraco y que poseen una gama completa de equipos e, incluso, de medios para sustituir los componentes del sistema de seguridad.

10.3.- Recuento y Clasificación.

Son trabajos a realizar, con efectivo principalmente, al ser recibidos en la cámara acorazada donde se llevan a cabo.

El recuento será la labor más importante a realizar, tanto en la entrada de fondos como en su preparación para su distribución o entrega a otras entidades o al Banco de España. Las cantidades dinerarias deberán de coincidir con lo declarado en los recibos recogidos o aquellos que se entreguen.

Con la clasificación, además de ordenarlos los billetes y monedas por valor, se persigue la detección de moneda falsa.

Si bien para ambos trabajos se emplean, como apoyo, máquinas, serán realizadas esencialmente a mano. Con el tacto será probable poder detectar dicha moneda falsa y, como medida de verificación complementaria, se emplearán las máquinas. Por su parte, cuando se detecta moneda degradada, se entrega al Banco de España para su cambio por nuevos y retirada de la circulación de los degradados.

Tanto una operación coma la otra, se realizarán por separado en función a la procedencia de los fondos. Hay que tener en cuenta que, lógicamente, ante la existencia de incidencias se debe localizar el origen.

Los fondos que llegarán a la cámara acorazada, vendrán en sus sacas individuales y con sus precintos. Antes de comenzar con el recuento y la clasificación, se mostrará a la cámara para que se pueda grabar el estado, tanto de las sacas como de los precintos. Igualmente, quedarán grabadas aquellas incidencias detectadas, tales como faltas en los fondos, sobrantes, aparición de moneda falsa, etc.

10.4.- Medios Técnicos Empleados en las Cámaras Acorazadas.

Estas construcciones, además de contar con todos los elementos de seguridad electrónica de grado 4 (Norma UNE 50131-1...), como se desarrolló en el apartado *Protección del Almacenamiento*, tal y como establece la Orden INT/314/2011, reunirán una serie de características de seguridad física tales como estar delimitadas por muros acorazados, tanto en las paredes, techo y suelo, con acceso a la misma por puerta y trampón también acorazados. Todo este conjunto estará construido de forma que, como mínimo, su resistencia cumpla con un grado de seguridad 7, según la norma UNE-EN 1143-1.

Los muros acorazados, estarán rodeados por un pasillo de ronda con una anchura máxima de sesenta centímetros, delimitado, exteriormente, con un muro con grado de seguridad 2, según la misma norma.

Ésta norma regula las normas que deben cumplir las unidades de almacenamiento que deban contener los bienes que nos ocupan. En concreto, establece qué ensayos deben sufrir los componentes para establecer su resistencia al robo y ofrece, además, una clasificación de las mismas en función a su resistencia, tal y como se desarrolló en el Tema 2, Los medios Técnicos de Protección (I).

La puerta de acceso a la cámara acorazada, dispondrá de dispositivo de retardo para la apertura, los conocidos comúnmente como *spiders*, de 10 minutos como mínimo, o bien con sistema de actuación por el personal de la empresa para su apertura y bloqueo cuyo dispositivo debería, en este caso, en lugar distinto al de la cámara. De existir trampón, contará con sistema de apertura para emergencias independiente, pero conectado con la correspondiente Central Receptora de Alarmas.

Para completar los medios técnicos de protección de las cámaras acorazadas, además de los ya estudiados en cuanto a seguridad física y electrónica, éstas últimas se completarán con dispositivos que permitan la detección de ataques contra los muros, suelo y techo, es decir, detectores periféricos como sísmicos o microfónicos, así como detección volumétrica en el interior de la cámara, permitiendo, todos ellos, la transmisión de señales de alarma, por doble vía de comunicación, a la CRA, de la forma que se indicó en el párrafo quinto de la *Protección del Almacenamiento*.

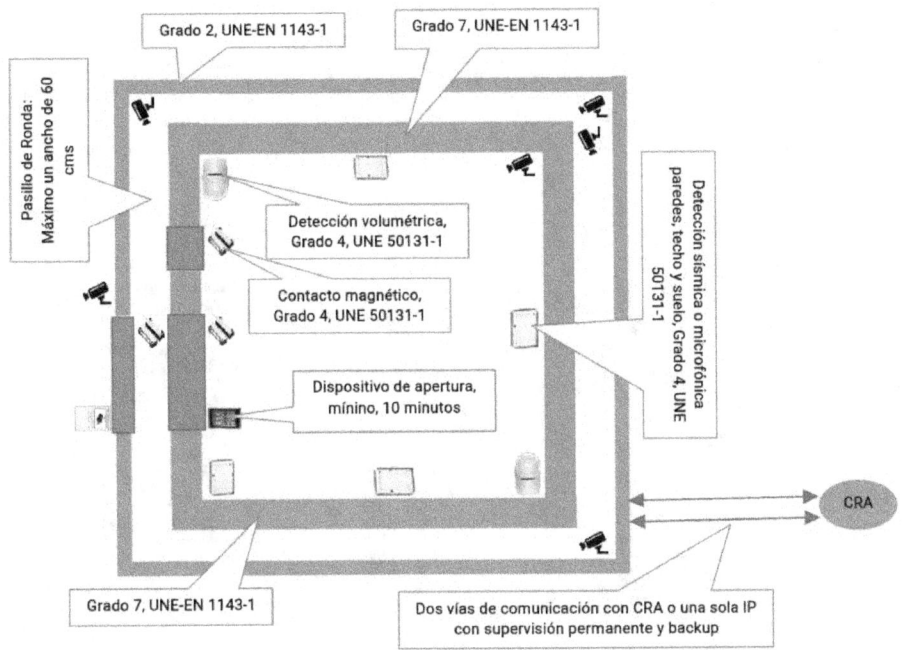

(Composición básica de una cámara acorazada)

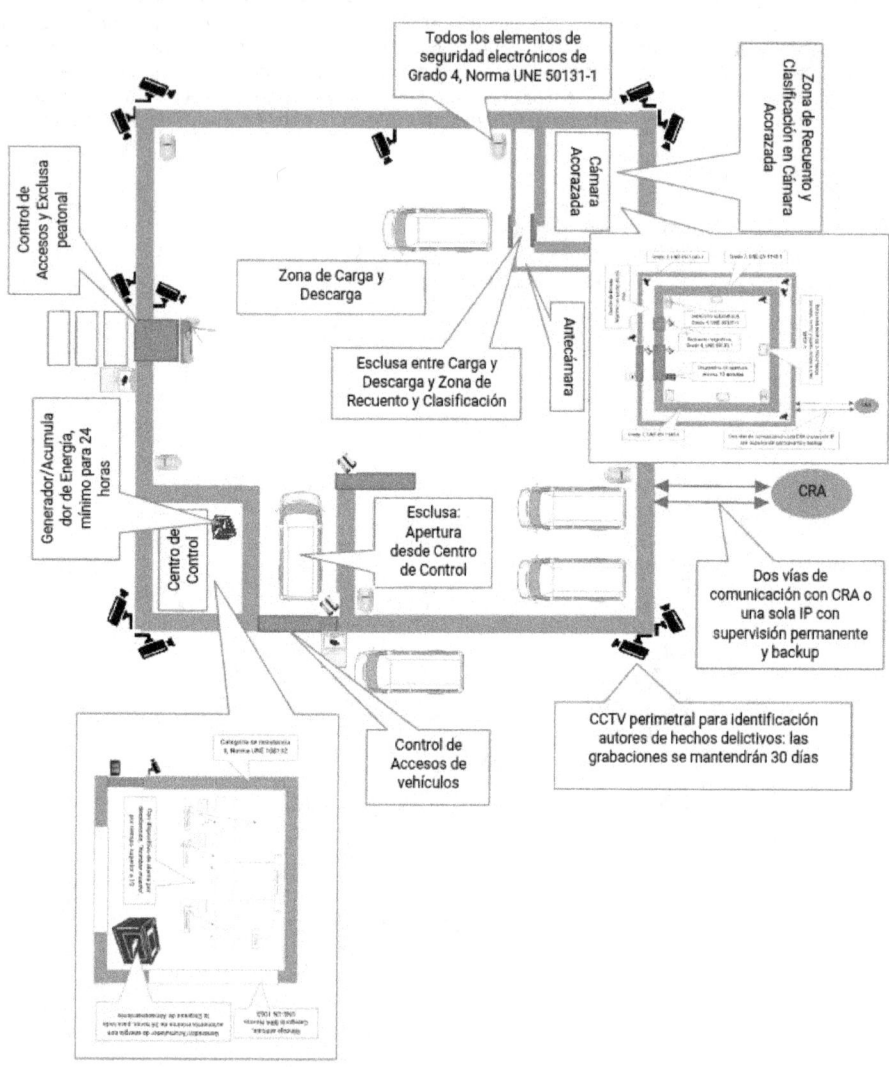

(Distribución básica de una empresa de seguridad privada, autorizada para la actividad de depósito, custodia, recuento y clasificación de fondos, valores y objetos valiosos)

TEMA 11. La protección de pruebas e indicios. Procedimiento de protección. La recogida de pruebas e indicios con carácter excepcional.

11.1.- Introducción a la Protección de Pruebas e Indicios.

Entre las obligaciones de los vigilantes de seguridad, consta, en la Ley de Seguridad Privada, la protección de las pruebas e indicios de delitos, instando a poner inmediatamente a disposición de las FFCCSS, tanto a los presuntos delincuentes como a los instrumentos, efectos y pruebas de delitos, en relación al objeto de su protección.

Con ello, obliga al vigilante de seguridad a que las pruebas de delitos, o escenarios donde se produzcan los mismos en su ámbito de responsabilidades, sean objeto de su protección para evitar que sufran alteraciones o desaparezcan.

Para la consecución, por lo tanto, de tal obligación, se deben respetar, escrupulosamente, ciertos procedimientos, que se estudian a continuación. Hay que tener en cuenta que, aunque parezcan obvios, conviene repasar.

11.2.- La Protección de Pruebas e Indicios.

En primer lugar, para conocer aquello que debemos proteger, debemos identificarlo, es decir, tener conciencia de lo que es necesario preservar sin alteraciones para una posterior investigación.

Sería, por lo tanto, toda aquella señal que se encuentre en el lugar de un delito, víctima o incluso sospecho que favorezca el esclarecimiento de lo que ocurrió verdaderamente. Ésta sería la definición de indicio o prueba.

De forma esquemática, los indicios podrían clasificarse en:

-El escenario, es decir, el propio lugar donde ocurrieron los hechos tal y como lo dejaron los presuntos delincuentes tras comer el delito.

-Las huellas. Fundamentalmente se definiría como aquellos lugares que pudieron tocar los delincuentes, pero también dónde pisaron. Por ello, si fuese el caso en el que el vigilante de seguridad fuese testigo de los hechos, sería de extrema importancia recordar cuáles fueron esos lugares y recorridos que hicieron, primero para facilitar la investigación y posteriormente a la hora de su manifestación ante las autoridades policiales y judiciales.

-Los efectos. Básicamente se refiere a todo el arco de objetos que pudiesen haber sido empleados para la comisión delictiva, tales como armas, deshechos necesarios de éstas como podrían ser la vainas de cartuchos, herramientas de cualquier índole (mazas, martillos, etc...), incluso vehículos empleados.

-Los restos. Podría recibir el concepto de toda aquella gama de objetos que pudiesen haber tenido una participación en el delito al ser alterados desde su estado original antes de cometerse el delito a otro estado distinto tras ser cometido. Podrían tratarse de restos orgánicos como cabello, uñas, sangre, el propio cadáver de una víctima, las heridas sobre víctimas supervivientes o bien objetos alterados durante los hechos tales como cristales rotos, perforaciones sobre paredes, suelo o techo, o simplemente abandonados tras la retirada del escenario, como mochilas, ropa, mobiliario desplazado.

Estos indicios lo serían por su probabilidad en la participación del hecho, pudiendo llegarse a convertirse en pruebas de cargo, o de descargo, tras las investigaciones posteriores y sus correspondientes diligencias.

Precisamente ahí, en la probabilidad del paso de indicio a prueba, es donde radica la importancia de su debida protección y de la que los vigilantes de seguridad deben ser plenamente conscientes: la alteración indebida de un indicio podría invalidarla como prueba, como decíamos, de cargo o descargo.

11.3.- Procedimiento de Protección.

Una vez identificado el "*qué*" hay que proteger ante alteraciones, el "*porqué*", conoceremos el "*cómo*" practicarlo. Para ello, el procedimiento más básico, partiendo además del hecho de que sólo será un vigilante de seguridad el que deberá proporcionarla.

-En primer lugar, acotaremos, mentalmente en principio, el escenario que será el continente de huellas, efectos y restos, siendo ésto, por tanto, su contenido. Una vez tengamos una idea clara del lugar y, si esto fuese posible, desde el centro donde se ha cometido el delito, de forma concéntrica, se establecerá una zona restringida al paso.

En este punto es conveniente matizar situaciones en las que nos podremos encontrar:

-Que tengamos a un detenido para su posterior puesta a disposición de FFCCSS. Si este fuese el caso, no hay que descartar que el presunto delincuente tenga intención de alterar los indicios o huir del escenario.

-Que el escenario contenga personas que requieran de nuestros primeros auxilios, principalmente si han sido víctimas.

-Que otras personas, tras la comisión de los hechos, se encuentre en compromiso su integridad.

-Que todas, o parte, de estas circunstancias concurran.

Llegado a presentarse estos casos, se esperará del vigilante de seguridad el aplomo y sentido común suficiente para solventarlos. Como sería imposible detallar situaciones idénticas, *SIEMPRE* se partirá de la base de que el *BIEN PRINCIPAL OBJETO DE PROTECCIÓN ES LA VIDA HUMANA*.

Por ello, precisamente, la formación que vaya adquiriendo el vigilante de seguridad a lo largo de su trayectoria profesional, será indispensable para afrontar estas y todas las circunstancias a las que deba hacer frente.

Aplicado a estas situaciones, dicha formación sería de importancia:

-Formación en defensa personal para lograr una detención y puesta a disposición satisfactoria.

-Formación de primeros auxilios a la hora de prestarlos a las víctimas, incluso autores si lo precisasen.

-Formación en extinción de incendios que, aplicada, podría disminuir la vulnerabilidad de aquellos compromisos de la integridad de las personas, por ejemplo.

-En segundo lugar, comunicaremos e informaremos, con las siguientes matizaciones. La propia Ley de Seguridad Privada, en su artículo 11, ordena que los vigilantes de seguridad pondrán inmediatamente a disposición de los miembros de las Fuerzas y Cuerpos de

Seguridad tanto a los delincuentes en relación con el objeto de su protección, así como los instrumentos, efectos y pruebas de los delitos.

Por lo tanto, tal y como se ha descrito, la comunicación a FFCCSS habrá de realizarse lo antes posible y SIEMPRE en primer lugar.

Pero también será necesario informar de lo acaecido a, por ejemplo, el Director de Seguridad del inmueble. Tengamos en cuenta que podría ser necesario, de existir, la entrega a las FFCCSS, de grabaciones de los hechos o acceder a lugares cerrados.

-En tercer lugar, búsqueda de otras huellas, efectos y restos que no se encuentren contenidas en la escena.

Supongamos, por ejemplo, que en su huida, un autor ha perdido, o ha podido perder, algún utensilio empelado en los hechos.

Como norma general, no se deberán manipular las pruebas o indicios, tal y como se desarrollará en el punto siguiente, *La recogida de pruebas e indicios con carácter excepcional.* Pero la localización de éstas alejadas del punto concéntrico de la acotación, deberá de realizarse en la medida de lo posible e, incluso, de forma indispensable: siguiendo con el ejemplo, supongamos que el utensilio perdido del autor, se trata de un arma y hemos sido conscientes de ello.

Por supuesto, la búsqueda siempre se realizará cuando sepamos que se han podido utilizar personas, en forma de rehén, a la hora de emprender la parte inicial de la huida.

Para la práctica de la requisa en extensiones de importancia, existen diversos métodos en función de la forma de secuencia que se sigue en la búsqueda:

-Por cuadrantes. Salvo que, en contra de lo usual, se cuente con más de un vigilante de seguridad en el lugar, o bien se cuente con la colaboración de terceras personas, no será la más aconsejable, precisamente, por el número de efectivos.

Si bien, de manera que se pretende instruir, la pauta para su desarrollo consiste en fraccionar la zona a requisar en tantos cuadrantes como de personas que se cuentan para su práctica. Una vez se distribuye qué cuadrante corresponde a cada miembro del operativo de búsqueda, dentro de cada cuadrante, se gira para la búsqueda, en sentido igual o contrario al del reloj. Por lo tanto, dichos cuadrantes deberán girar sobre el inmediato exterior del suyo y, con el fin de no deteriorar los indicios o pruebas, deberá tener el ancho suficiente como para poder realizar la búsqueda con la vista sin entrar en el interior del cuadrante.

-Por círculos. Se fijan círculos concéntricos de forma que cada miembro del operativo de búsqueda la realice visualmente de forma que la cubra desde el final de la circunferencia del miembro de su derecha y del final de su izquierda.

En general, está diseñada para tres personas, de tal manera que la descripción dada la realiza el central, mientras que al miembro que le corresponde el círculo interior requisa visualmente, desde el extremo de su circunferencia hasta el centro de la misma.

Mientras tanto, al miembro que le corresponde la circunferencia exterior, cubrirá desde la circunferencia del central hasta el extremo que le alcance la vista desde su círculo pero con la garantía de que no le pase desapercibido cualquier hallazgo.

-En espiral. Será la más empleada por el vigilante de seguridad, dado que sólo es realizada por una persona, de manera que, partiendo desde el centro de la escena, se camina realizando la espiral de forma que ésta se expanda a medida que se dé una vuelta más. Deberá de practicarse despacio, tratando de no dejar de visualizar todo el entorno de la espiral que se "dibuje" y evitando alterar al caminar la escena.

-En parrilla. Es la de mayor complejidad técnica pero de mayor eficacia, por la extensión y detalle que cubrirá la requisa, si se cuenta con las suficientes personas para ello.

Esencialmente se trata, en primer lugar, de diseñar un cuadrado que será el rango de búsqueda. En resumen, se trata de que cada miembro del equipo recorrerá, desde el extremo superior del cuadrado, hasta el inferior, en línea recta. Completado dicho recorrido, hará otro, en sentido perpendicular al primero, de tal manera que, finalizado el segundo recorrido, su posición sobre el cuadrado fuese en orden inverso en éste si se girase el cuadrado donde su parte superior coincidiera con su parte derecha.

Esta técnica, al pretender una requisa más minuciosa, en general se emplea para la localización de objetos de menor tamaño, tales como las vainas de los cartuchos de armas de fuego.

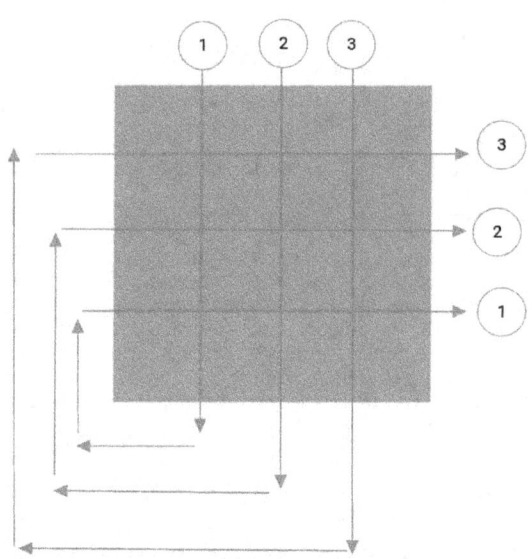

(Resumen esquemático de requisa en parrilla)

-En cuarto lugar la elaboración de un croquis, siempre y cuando las circunstancias lo hiciesen posible.

Una de las razones, hallándonos ante la comisión de un delito, por las que es de gran interés el conocimiento del entorno de nuestro lugar de prestación de servicio y, por lo tanto, también a la hora del detalle de toda aquella indicación que pueda servir ante una investigación de esta índole.

La importancia de su realización emana de la posibilidad de olvido de detalles de los que hemos sido testigos, tales como movimientos en el escenario de los delincuentes durante la perpetración, la posición de objetos que se hayan tenido que mover por fuerza mayor o, incluso, con el objeto de recordar su lugar ante su potencial desplazamiento fortuito (derrumbes, caída de otros objetos, etc...).

Si bien pudiese pasar desapercibido, también podría ser de interés el señalamiento en el croquis la existencia de viviendas desde las que las FFCCSS considerasen de interés a la hora de localización de testigos, pero también la localización de instalaciones que pudiesen contar con videograbación, tales como cajeros automáticos o cámaras de tráfico.

Las vías de comunicación de tráfico rodado, podrían haber constituido el camino de huida de los delincuentes, a pesar de no haberlo observado, por lo tanto, serán datos a incluir.

La inclusión en él de puntos de referencia, así como distancia aproximada con los objetos de nuestro interés, podría ayudar a esclarecer si éstos han sido desplazados por cualquier razón. Tengamos en cuenta, por lo tanto, objetos fijados como árboles, farolas, vehículos estacionados, otros inmuebles, etc.

La indicación en un vértice del croquis de la temperatura ambiental, y los puntos cardinales, también podrían revestir importancia. Por ejemplo, desde la comisión del acto delictivo al momento forense en el que dicha investigación es posible, la variación de la temperatura, en muchas ocasiones, ha fluctuado. El conocimiento de la que existía durante los hechos a la que permita la toma de las mismas, puede tener relevancia en la presencia de material orgánico. Existen diversas aplicaciones para telefonía móvil que pudiesen valer para ello y que todos llevamos en el bolsillo.

Esencialmente, se tratará de una herramienta de recuerdo. Por su puesto, se trata de un boceto, no contaremos con herramientas técnicas sofisticadas para un detalle milimetrado, pero, como se dijo, haciendo uso del aplomo y sentido común del vigilante de seguridad en su diseño, cualquier dato que se incluya de interés, podría llevar a facilitar la investigación.

11.4.- La Recogida de Pruebas e Indicios con Carácter Excepcional.

Como se ha ido indicando, y se reseña en el título de este punto, esta práctica sólo será realizada de forma excepcional. Por lo tanto, cabe comenzar, haciendo mención a aquellas situaciones que revestirían de excepcionalidad su recogida.

Partamos de aquel ejemplo en el que, alejado de la zona acotada y que, físicamente, sería imposible de custodiar sin abandonarla, en la requisa se ha encontrado un arma de fuego.

En primer lugar, hablamos de un efecto con suficiente peso específico en el esclarecimiento de hechos como para que los autores pudiesen volver a recuperarla, no sólo como efecto a utilizar en otros actos ilícito, sino porque el mismo efecto puede ser continente de huellas y restos.

En segundo lugar, por la propia peligrosidad intrínseca del efecto. De no ser recogida de forma excepcional y llevada a nuestra zona restringida, podría poner en riesgo a terceros o a nosotros mismos.

Con lo cual, la recogida del arma de fuego y depositada en la zona restringida, hasta la presencia de FFCCSS, estaría revestida del carácter de excepcionalidad.

Hay que dar por supuesto que si el hallazgo es una persona, en especial herida, deberá de ser conducida a nuestra zona restringida para recibir nuestros auxilios, si fuese preciso, siempre y cuando sus condiciones lo permitieran.

Otro motivo por el que el carácter de excepcional se cumpliese serían aquellos que por el tamaño mínimo del objeto se corriese el riesgo de pasar desapercibido en búsquedas posterior, como podrían ser casquillos de bala, vasos y botellas pequeños, así como el hecho, en especial al tratarse de cristales, que los efectos de la lluvia, rocío, etc., degradarían las posibilidades de obtención de huellas dactilares o material orgánico como saliva.

También aquellos como prendas de ropa que pudiesen desplazarse por las inclemencias meteorológicas, como pañuelos, con la probabilidad de contener restos orgánicos, tales como sangre.

11.4.1.- Técnicas para la Recogida:

Ante un **arma de fuego**, debe de cogerse por el guardamonte, en ningún caso por la empuñadura, cañón o corredera. La forma más apropiada sería introducir, para su transporte, de un lápiz o bolígrafo, en especial ante armas cortas. En su defecto, con guantes, un dedo facilitaría la tarea.

Por supuesto, con todas las precauciones, en especial, si está montada, es decir, si se observa el martillo retrasado. Jamás, durante el transporte, la boca de fuego deberá estar dirigida a persona alguna o a nosotros mismos.

Ante la situación de tratarse de un **arma blanca**, nunca debe cogerse ni por empuñadura, sobre su posición natural de la mano, ni por la hoja. La forma más apropiada será por los cantos de la empuñadura, utilizando la menor cantidad de dedos posibles, pero garantizándolos que no se precipitará al suelo en el trayecto.

Para **vainas de cartuchos**, si cabe en la abertura, se hará con un bolígrafo o lápiz. En el caso de calibres inferiores o la carencia de bolígrafo o lápiz, con guantes se recogerán con dos dedos por sus extremos, nunca por parte alguna del cilindro.

Para el **caso de vasos o botellas**, deben ser recogidos y transportados por la parte interior de su boca, con lápiz o bolígrafo, y siempre con guantes en caso de carencia de ellos, pero nunca agarrados por sus partes de natural agarre.

Algunos de los útiles que suelen portar los vigilantes de seguridad, tales como guantes anti corte o bolígrafos, e incluso parte de la dotación, como la parte dentada de los grilletes, podrían ser de utilidad para el fin de estos menesteres.

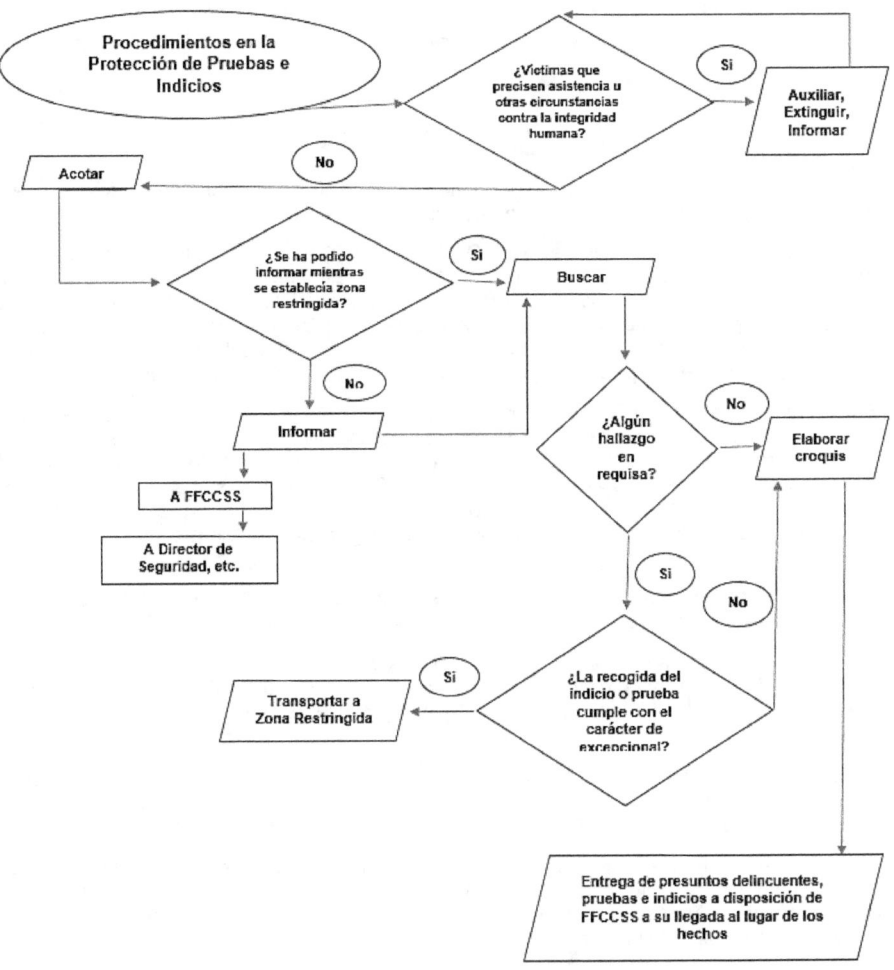

(Diagrama de flujo sobre los Procedimientos de la Protección de Pruebas e Indicios)

TEMA 12. La falsificación de documentos y monedas. La falsificación de documentos:
Documento nacional de identidad, pasaporte, carnet de conducir. La falsificación de
monedas: Billetes de banco y monedas.

12.1.- La falsificación de documentos y monedas.

Para una definición de la falsificación, la forma más eficiente es conocer qué es aquello que tipifica el ordenamiento jurídico como aquello que es punible al practicarlo.

En ese aspecto, el Código Penal, Ley Orgánica 10/1995, en el capítulo desarrollado "De las falsedades documentales", Sección 1ª, "De la falsificación de documentos públicos, oficiales y mercantiles y de los despachos transmitidos por servicios de telecomunicación", en el artículo 392, indica que el particular que lo comenta sobre documento público, como son los casos del DNI, Pasaporte o Carnet de Conducir, de origen español o documento de otro Estado, lo estará cometiendo sobre delito tipificado y, por lo tanto, punible, así como si se trafica con ellos.

En este punto, cabe recordar, que la moneda es documento público y, por lo tanto, tendría, por sí solo, encaje en las tipificaciones de delitos sobre documentos públicos, sin embargo, el capítulo I, desarrolla la tipificación de delitos, por tanto penas, como consecuencia de la falsificación de moneda y efectos timbrados, en sus artículos del 386 al 389. Además de los que alteren la moneda o la fabriquen, también lo serán los que la exporten a, o en, España o a otro estado de la Unión Europea, así como quienes la tengan, recepcionen u obtengan para expedirla, distribuirla o ponerla en circulación.

En cuanto a una ajustada definición de lo que se comprende como monedas, es decir, metálicas y de papel, la da la propia Ley en su artículo 387, citando textualmente:

... se entiende por moneda la metálica y el papel moneda de curso legal y aquella que no ha sido todavía emitida o puesta en circulación oficialmente pero que está destinada a su circulación como moneda de curso legal. Se equipararán a la moneda nacional las de otros países de la Unión Europea y las extranjeras.

Se tendrá igualmente por moneda falsa aquella que, pese a ser realizada en las instalaciones y con los materiales legales, se realiza incumpliendo, a sabiendas, las condiciones de emisión que hubiere puesto la autoridad competente o cuando se emita no existiendo orden de emisión alguna.

La citada Ley "Orgánica" que, por lo tanto, recordemos emana directamente de la Constitución Española, no detiene la tipificación de falsificación tan sólo sobre documento público, sino también privado, en su artículo 395, cuando ésta se cometa perjudicando a otros, además de aquellos que, sabiendo que es falso, lo utilicen.

Incluso, yendo más allá, el legislador, siendo consciente de nuevos delitos, muchos de ellos por capacidad tecnológica o técnica para su comisión, añadió texto en Diciembre de 2010, resultando el artículo 399 bis, que versa sobre la falsificación de tarjetas de crédito y débito, así como de los cheques de viaje.

Por supuesto, la fabricación, recepción, obtención o tenencia de útiles, materiales, instrumentos, sustancias, datos y programas informáticos, aparatos, elementos de seguridad, u otros medios específicamente destinados a la comisión de los delitos que describe la ley, también serán castigados con las penas que señalan para los autores materiales.

12.2.- La falsificación de documentos: Documento nacional de identidad, pasaporte, carnet de conducir.

La Ley de Seguridad Privada, 5/2014, en el capítulo dedicado a las *Funciones de seguridad privada*, en el artículo 34, *Vigilantes de seguridad y sus especialidades*, en su apartado 1 b), cita:

"Efectuar controles de identidad, de objetos personales, paquetería, mercancías o vehículos, incluido el interior de éstos, en el acceso o en el interior de inmuebles o propiedades donde presten servicio, sin que, en ningún caso, puedan retener la documentación personal, pero sí impedir el acceso a dichos inmuebles o propiedades. La negativa a exhibir la identificación o a permitir el control de los objetos personales, de paquetería, mercancía o del vehículo facultará para impedir a los particulares el acceso o para ordenarles el abandono del inmueble o propiedad objeto de su protección."

Por su parte, el Reglamento de Seguridad Privada, que desarrolla la Ley, Real Decreto 2364/1994, aún en vigor, en su artículo 71, apartado 1, *Los vigilantes de seguridad sólo podrán desempeñar las siguientes funciones*, b), indica:

"Efectuar controles de identidad en el acceso o en el interior de inmuebles determinados, sin que, en ningún caso, puedan retener la documentación personal."

Además, volviendo sobre el Tema 7 estudiado, el artículo 77 del mismo Reglamento de Seguridad, *Controles en el acceso a inmuebles*, o en el interior de ellos, *de cuya vigilancia y seguridad estuvieran encargados los vigilantes de seguridad, podrán realizar controles de identidad de las personas.*

Por lo tanto, de estos párrafos se desprende claramente que el vigilante de seguridad, para realizar la identificación de personas de la forma que se cita, estará en contacto con documentos de carácter público, en algún momento de su desarrollo profesional, tales como DNIs, pasaportes o carnets de conducir, susceptibles de ser falsificados.

Si bien será en esas condiciones de identificación de personas en los controles de accesos o en el interior de inmuebles donde fundamentalmente se practicará dicho contacto con estos documentos públicos, no será exclusivo. Recordemos que entre los fines de la seguridad privada, uno de ellos será el contribuir a garantizar la seguridad pública, previniendo infracciones y a aportar información a los procedimientos relacionados con sus actuaciones.

En este punto, y volviendo en este caso sobre el Tema 8, por ejemplo, La protección de polígonos industriales y urbanizaciones, el Reglamento de Seguridad Privada, en el artículo 80, en su apartado 4, manifiesta que el vigilante de seguridad en el cumplimiento de su misión, si fuese precisa la identificación de alguna persona, la reflejarán en su parte de servicio, haciendo entrega inmediata a las dependencias de las Fuerzas y Cuerpos de Seguridad.

Tan sólo por los puntos vistos hasta ahora, qué duda cabe de la importancia para un vigilante de seguridad a la hora de distinguir la veracidad de un documento que permita la identificación de la persona que lo porta.

Por otro lado, la falsificación de estos documentos, como norma general, es llevada a cabo por delincuentes especializados y expertos, fundamentalmente con el objeto de ser capaces de suplantar la identidad de otros en operaciones mercantiles fraudulentas. Claro está que existen otras motivaciones delincuenciales, pero éstas suelen ser la suya, entre otras cosas, por lo sofisticado y especializado de sistemas necesarios que, por lo tanto, deben de rentabilizar.

Como norma general para la comprobar la veracidad de uno de estos documentos tendremos en cuenta para todos ellos:

-Incoherencia de datos.

-Ausencia de alguno de los sellos de los que debe disponer.

-Orificio de grapas.

-Raspaduras.

-Borrados.

-Superposición de láminas transparentes.

-Existencia de deterioros.

-Restos de pegamento.

-Enmiendas.

-Alteraciones en las zonas próximas a la fotografía.

12.2.1.- Falsificación del DNI.

En lo que respecta al **Documento Nacional de Identidad** español (DNI), en su actual formato electrónico, está fabricado en policarbonato, llevando insertado un chip, o tarjeta inteligente, con capacidad de almacenamiento y procesamiento de datos.

En lo concerniente a sus dimensiones son de 85,6 por 53,98 milímetros, y un grosor de 760 micras, es decir, similares a cualquier tarjeta de crédito o débito actuales.

Por su parte, en la impresión se utilizan técnicas como la microimpresión y guilloches, que son fácilmente identificables tanto visual como táctilmente por su leve relieve.

En este aspecto, si se cuenta con luz ultravioleta o infrarroja, al utilizar tintas invisibles que sólo reciben respuesta con éstas, sería una considerable ventaja ante las falsificaciones. Ya existen pequeñas lámparas en el mercado que, incluso, se acompañan en linternas habituales a las se pueden utilizar de servicio.

Sin duda, también será de gran ayuda para comprobar la veracidad de este documento la tinta que se utiliza que cambia de color, según el ángulo de visión que empleemos, la llamada OVI.

Como se ha indicado alguna vez a lo largo de estos textos, el vigilante de seguridad hará uso de aquellos métodos de los que disponga a mano. En dicho sentido, podría ser de utilidad la disposición de alguna aplicación o página web para el cálculo de la letra del NIF.

Por último en estas connotaciones básicas de composición, destacar que cuenta con técnicas contra las fotocopias con la incorporación de imágenes difractadas que, esencialmente, lo que consiguen ante la exposición a la iluminación necesaria para fotocopia, las imágenes se apodizan, es decir, la filtra de forma que no copia aquellas a las que se les ha aplicado.

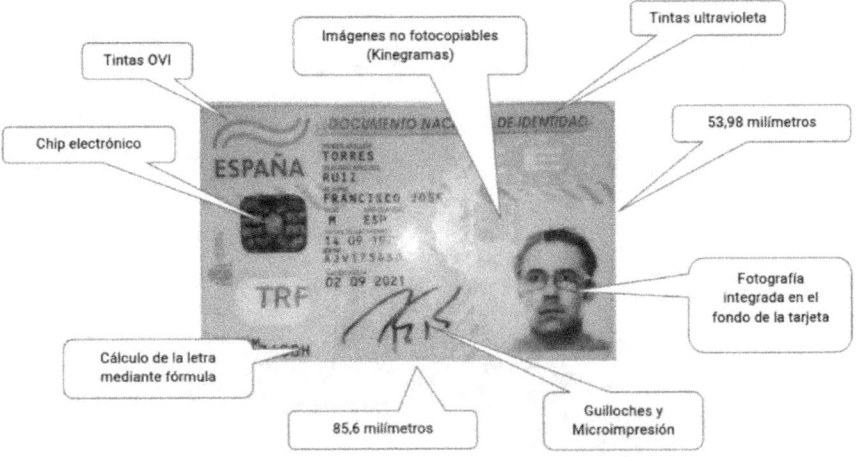

(Descripción gráfica básica de las medidas de seguridad de un DNI)

12.2.2.- Falsificación del Carné de Conducir.

De forma corriente, a la hora de la verificación de identidad, se nos ofrecerá el *Carné de Conducir* como medio de identificación de personas, siendo, además, la acreditación de la autorización administrativa para la conducción de aquellos vehículos para los que se ha obtenido permiso.

Éste cuenta con medidas de seguridad para la comprobación contra la falsificación comunes al del DNI, además de unas dimensiones similares. Si bien las más destacables de este documento son:

-En el anverso:

Composición de la leyenda "Permiso de Conducción Reino de España" en microlíneas.

El logotipo de la Dirección General de Tráfico, está impreso de tal forma que sólo es visible con luz ultravioleta.

Existen imágenes codificadas, con la inscripción DGT, que sólo serán visibles mediante lupas especiales.

El documento, en su integridad, está recubierto por una lámina de seguridad que, de forma holográfica, muestra el escudo de España, la palabra "España" y el logotipo de la Dirección General de tráfico.

-El reverso tiene impreso las fechas de expedición y vencimiento de las distintas categorías de vehículos autorizados a su conducción, mediante una técnica de impresión que graba los caracteres quemando parte del material del que está fabricado el documento, siendo palpable al tacto su relieve.

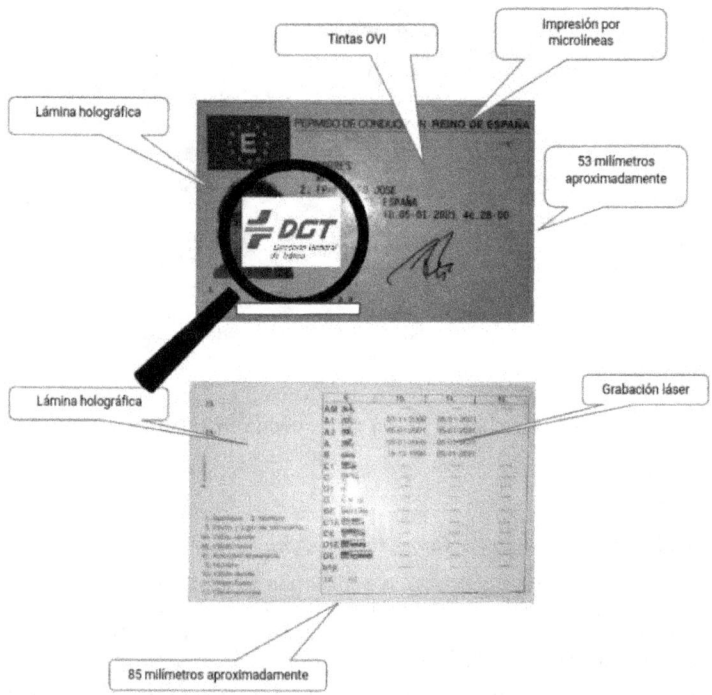

(Descripción gráfica básica de las medidas de seguridad de un Carné de Conducir)

12.2.3.- Falsificación del Pasaporte.

Aunque de forma menos habitual, también el **Pasaporte** es un documento que nos verificará la identidad de la persona que lo porta. Al igual que los dos anteriores es un documento público, personal e intransferible.

La principal característica por la que se expide, diferencia entre los dos estudiados hasta el momento, es la acreditación que la Administración General del Estado proporciona sobre veracidad en el extranjero de la identidad de las personas con nacionalidad española.

Otra diferencia notable y sustancial, aunque ya en el aspecto meramente físico, son sus dimensiones y composición del documento en sí que, hasta ahora, han sido equiparables a otras tarjetas de uso cotidiano, siendo las dimensiones del pasaporte de 125 por 88 milímetros, estando compuesto, esencialmente, por una libreta que cuenta de 32 páginas en su interior y contando con portada y contraportada, de color burdeos, que contienen dichas páginas.

A diferencia también de los DNIs y Carnés de Conducir, tras cada renovación, el número de pasaporte varía.

En la actualidad coexisten dos modelos válidos. Ambos contienen la misma información pero el 3.0 incluye un nuevo chip, así como mejoras de seguridad como en el papel, en los componentes holográficos, en las marchas de agua así como la inclusión de un punto de contacto en caso de emergencia en el extranjero.

El símbolo rectangular que existe en la portada indica que incorpora un microchip, así como que se trata de un documento biométrico.

En página plastificada tras la portada es donde constan los datos de filiación del propietario y donde se contienen la mayoría de las medidas de seguridad contra la falsificación:

- -Hologramas.
- -Tintas ópticas.
- -Marcas de agua.
- -Impresiones calcográficas.

En esta misma página además consta el Código OCR, también existente en el reverso del DNI. Una vez leído este código, por los aparatos de lectura adecuados, proporcionan datos como el tipo de pasaporte, nacionalidad, nombre y apellidos, número del pasaporte en vigor, etc.

La página siguiente a la plastificada está reservada, en su parte media e izquierda, a las autoridades que lo expiden, donde indicarían datos, por ejemplo, como una nueva expedición por robo o extravío del anterior pasaporte. En la parte media y derecha, aparece una fotografía del titular, con micro leyendas, la fecha de expedición, el número de pasaporte actual, también perforado, y, sobre dicha fotografía, el logotipo de España.

(Descripción gráfica básica de las medidas de seguridad de un Pasaporte)

Con independencia de las indicaciones dadas, hasta el momento, con respecto a la falsificación, o evitación de verificación de identidad por medio de dicho delito tipificado, es recomendable, como en todos los aspectos de la seguridad privada, la formación específica sobre el tema que nos ocupa.

Por otro lado, valga esa nota como consejo, todos contamos con un DNI, un Carné de Conducir e, incluso, quizás, con un Pasaporte. De forma que la comparación de los documentos de los que somos titulares con los que se nos presentan ante la identificación de personas, puede ser un buen medio para la verificación correcta o, por el contrario, el hallazgo de un documento falsificado.

12.3.- La falsificación de monedas: Billetes de banco y monedas.

La aparición de la moneda, como objeto de cambio por bienes y servicios, en las distintas civilizaciones humanas, data desde aquel momento en que se sustituye el intercambio de éstos, el trueque, por objetos que acreditasen la capacidad para conseguirlos o recibir la moneda como recompensa por dar o prestar.

Una vez creado de esta forma un sistema monetario, no cabe duda de la aparición, también, de la falsificación de aquellos *documentos* utilizados para el cambio, sea cual fuere su formato, bien metálico, de madera, papel, etc.

En esencia, lo que pretende aquel que falsifica, es la obtención de dicha capacidad para adquirir bienes y servicios, para sí mismo o especulando con otros con dicha posibilidad, creando los *documentos* que utilizará para el cambio de ellos, pero fuera del sistema oficial creado para su factura.

Cuando ya dispone de dicho *documento* de cambio falsificado, lo introduce en el sistema oficial de cambio al *"cambiarlos"*, valga la redundancia, por los bienes y servicios en operaciones lo más aparentemente lícitas posible.

Lo que consigue con ello el falsificador, o el que utiliza la falsificación, por un lado, de forma consciente y premeditada, es su enriquecimiento al conseguir los bienes o servicios, con su *documento* de cambio falsificado, a un valor muy inferior del oficial.

Por otro lado, cuando los documentos de cambio oficiales, monedas, suman aquellos falsificados en el sistema monetario se produce la llamada inflación monetaria, es decir, un exceso de éstas.

Si bien las consecuencias de una inflación monetaria sería materia económica, sí que es importante conocer las consecuencias de ésta en un sistema oficial, al menos, de forma somera. Por ello, explicaremos de forma condensada que, cada sistema monetario oficial cuenta con unos órganos reguladores que hacen previsión de la cantidad de moneda que va a ser necesaria fabricar, los llamados bancos centrales.

Lo que se consigue con esos órganos reguladores es mantener un equilibrio entre la moneda oficial que circula con lo que es previsible se necesite en función a las operaciones de adquisición de bienes y servicios de manera mejor o peor calculada.

Sin embargo, si paralelamente a dicho cálculo se suman a la moneda fabricada de forma oficial aquellas otras externas, el exceso de documentos para el cambio produce su devaluación, por un lado. Por otro, dicho valor de la moneda provocado por su exceso de existencia, conlleva aparejado la depreciación del valor de los bienes y servicios aptos para su adquisición y, por lo tanto, el empobrecimiento de aquellos que los ofrecen.

Visto de forma resumida las consecuencias de la circulación de moneda falsificada, el enriquecimiento ilícito y el empobrecimiento de los demás que no han intervenido en ello en nada, los Bancos Centrales han puesto todo su interés en poner las dificultades necesarias para evitar dichas prácticas, al fabricar sus monedas con medidas de seguridad cada vez más sofisticadas.

De forma simplificada, explicaremos también que, para el sostenimiento del sistema monetario oficial, en el caso del Estado Español, el Banco de España, su banco central, encomienda la fabricación de los documentos llamados monedas, a la Fábrica de Moneda y Timbre. Aunque no solamente de éstos son los encargados de su fabricación, encomendados por los organismos oficiales, también los ya estudiados DNIs, Carnés de Conducir, Pasaportes, etc.

Puntualizar que, una vez entró en circulación el Euro como moneda oficial, el Banco Central Europeo delegó funciones sobre cada uno de los bancos centrales de los países pertenecientes a lo que se ha dado en llamar *"zona euro"*.

Para la distribución de la moneda al ciudadano, el Banco de España delega, a su vez, en los llamados bancos y cajas de ahorro, creando, de esta manera, el llamado *"sistema bancario"*. No obstante, destacar las medidas indispensables que el primero aplica sobre el sistema bancario privado, tales como auditorias, intervenciones, etc.

De no existir dichas medidas del banco central, a modo de nota, imaginemos *el control* de un banco privado en manos de una banda organizada, ya no sólo para poner en circulación moneda falsificada, sino a la hora de operaciones de blanqueo de capitales procedentes de actividades penalmente punibles, y lo que significaría para cualquier sistema monetario, por no mencionar sus consecuencias sobre el ciudadano.

Sin embargo, la labor de los bancos en nuestro sistema financiero, en lo que concierne a dicha gama de delitos, con independencia de aquellas medidas de seguridad generales y específicas de las que son objeto a tenor de la legislación de seguridad privada que les son aplicables, dista mucho de, como hemos imaginado en el párrafo anterior, ser medio para la consecución de los mismos, contribuyendo, por lo tanto, a la sostenibilidad del sistema monetario.

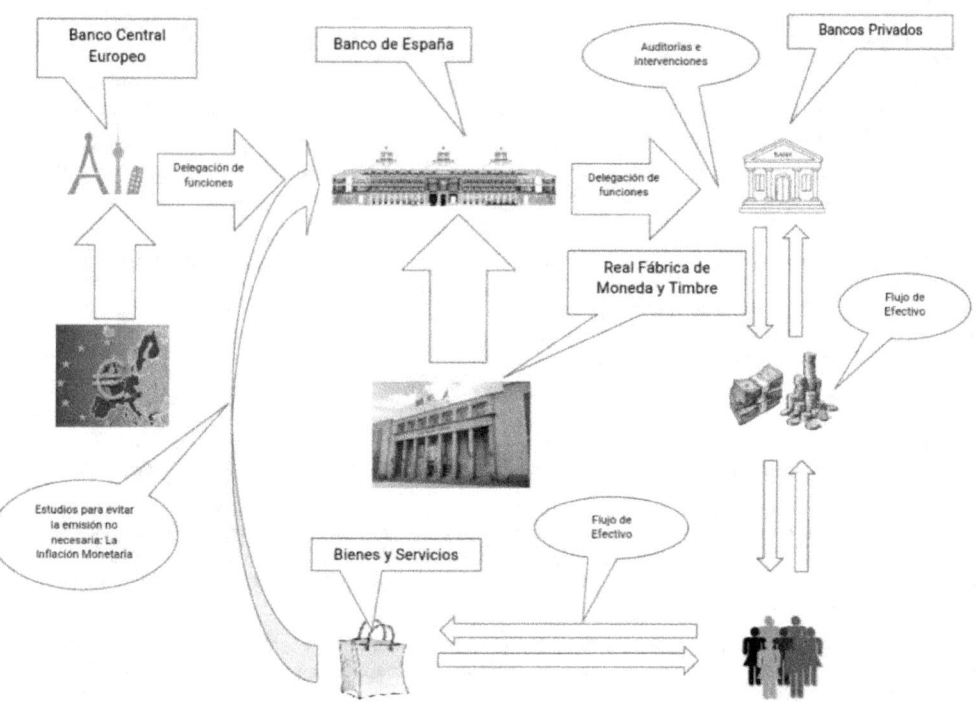

(Esquema simplificado del sistema monetario español)

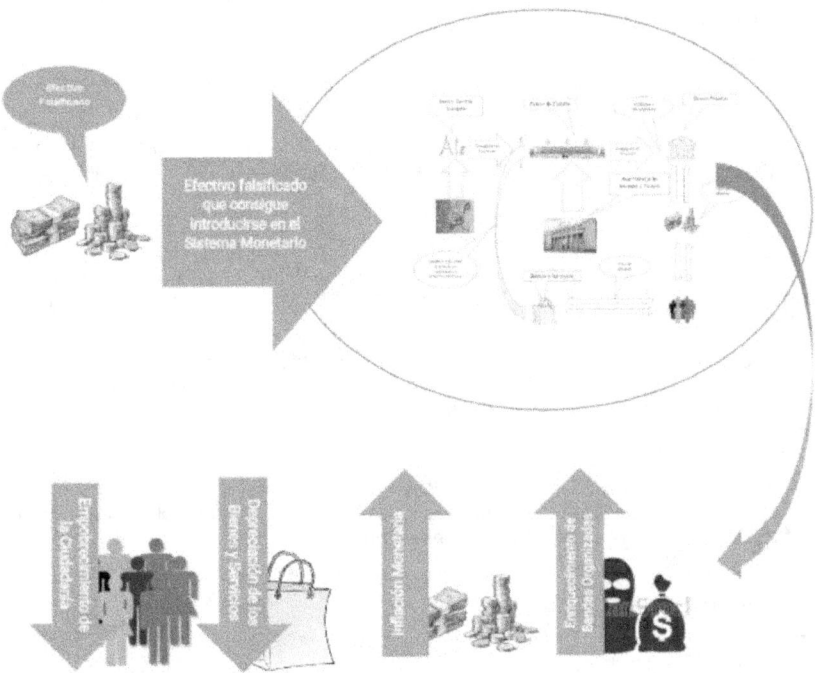

(Descripción gráfica de las consecuencias sobre la introducción de efectivo falsificado en el Sistema Monetario)

Conscientes de ello y, por lo tanto, en lucha contra la falsificación de moneda, la autoridades monetarias, en especial el Banco Central Europeo, insta a la fabricación de billetes de euro utilizando la tecnología más sofisticada.

Incorporan, para ello, una serie de *elementos de seguridad* avanzados que permiten distinguirlos fácilmente de los falsos sin recurrir a equipos especiales y que, además, producen un efecto disuasorio:

- *-Tocándolos.*

- *-Mirándolos.*

- *-Girándolos.*

Entre los elementos de seguridad que se emplean, destacan, sólo siendo necesario para apreciarlos con **"tocar, mirar y girar"**, los siguientes:

Marca de agua: Es un elemento de seguridad utilizado consistente en la variación de densidad y del espesor del papel que causan, a su vez, variaciones en su opacidad. El conjunto de estas variaciones conforman una imagen, integrada en el papel, que es visible a contra luz.

Hilo de seguridad: Al examinar el billete al contraluz puede observarse dicho hilo como una banda oscura transversal.

Holograma: En función a su valor, al girar el billete, la imagen holográfica cambia alternando entre la cifra de su valor con el símbolo del euro, o entre la cifra de su valor y la representación de una puerta o ventana.

Motivo de coincidencia: Es una característica que, impresa en el anverso y en el reverso, al mirarlo al contraluz, ambas imágenes impresas, conforman una imagen completa.

Tintas de color variable: Al girar los billetes, de valor entre 50 y 500 euros, la cifra de su valor en el reverso cambia de color pasando de color morado a verde.

Banda iridiscente: Por su parte, los de valor entre 5 y 20 euros, contienen en su reverso una franja vertical impresa con esta tinta iridiscente, de forma que también cambia de color dependiendo del ángulo de visión e iluminación.

El propio papel, en sí mismo, es una medida de seguridad, debiendo de notar, en su textura, firmeza y con cierto acartonamiento. Pasando el dedo por el mismo debe de apreciarse que la tinta es más gruesa en algunas zonas que en otras.

Pero existen otros, como son:

Fibrilla fluorescentes: Son una característica de los billetes que se incorpora durante la fabricación del papel. Su fluorescencia se debe a una radiación visible emitida por ciertas sustancias al ser iluminadas por radiaciones como la ultravioleta.

Leyenda micro impresa: Son determinadas leyendas de impresión tan fina que observadas normalmente asemejan una línea continua.

Estampación calcográfica: Forma de leyendas en relieve que se llevan a cabo con una plancha plana de acero que contiene una imagen en la que en las partes que deben llevar tinta se graban a mano o mecánicamente.

Litografía o fondos de seguridad: Son dibujos en tonos claros, muy finos, practicados en la superficie del papel a partir de procedimientos litográficos y en tintas de varias tonalidades, conocidos como fondo micro lineal. Cuando reciben agresión externa, éstas se degradan de forma ostensible.

Como lo explicado en otros temas, durante el desarrollo profesional de un vigilante de seguridad, no será difícil que, quizás no estar en contacto directo con la moneda, pero sí podrá ser testigo presencial de diversas transacciones comerciales en las que, debido al flujo de las mismas, pueda llegarse a la circunstancia en que pueda caber la posibilidad de que uno, o varios, de estos documentos pueda ser falsificado. Imaginemos, de nuevo, la prestación de servicio en una línea de cajas de un hipermercado, por ejemplo.

Dirigiéndolos al ejemplo, se aclara que aquellas medidas de seguridad intrínsecas en la fabricación de la moneda son *medios pasivos de seguridad*. Por su parte, será *medios activos de seguridad* los que se emplean con asiduidad con medios técnicos como detectores de billetes falsos como, por ejemplo, lámparas de luz ultravioleta.

Sigamos imaginando que el cajero de aquella línea de caja del hipermercado nos pide opinión ante un billete en el que detecta su falsedad, bien por medios pasivos o activos. Ante tal circunstancia, el vigilante de seguridad, en cumplimiento de sus fines, dará aviso a las FFCCSS, poniendo a disposición de éstos el efecto, es decir, el documento en sí.

Las FFCCSS levantarán acta de lo acaecido, identificando también a las partes y remitirán la moneda al Banco de España. Si el documento resultase válido le será devuelto el importe a aquel que pretendía adquirir bienes o servicios. En caso contrario, perderá el valor del mismo y, en caso de ser pertinente, las FFCCSS diligenciarán las actuaciones que consideren necesarias contra el portador.

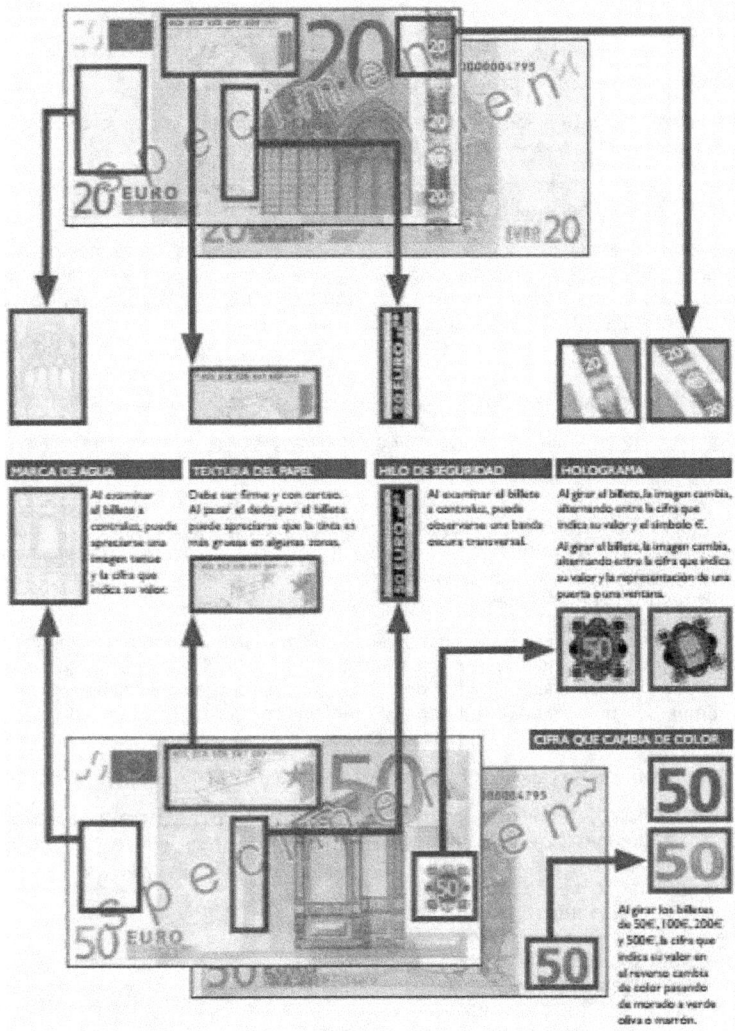

(Sección de tríptico publicado por el Banco Central Europeo, con objeto de facilitar a la ciudadanía la veracidad de la moneda)

TEMA 13. La protección ante artefactos explosivos. Actuación ante amenaza de colocación de un artefacto explosivo. Planes de emergencia y evacuación. Concepto. Clases. El control de personal y objetos: Paquetería y correspondencia. Control y requisa de vehículos.

13.1.- Introducción sobre la protección ante artefactos explosivos.

En nuestro país, si de algo ha podido valer, contamos, en nuestra historia reciente, con sobrada experiencia en el tratamiento que se estudia en este tema.

Por ello mismo, la protección contra esta clase de artefactos, está basada en aquellos mecanismos y medios preventivos para su adecuado tratamiento que han resultado de mayor eficacia.

Qué duda cabe que la adecuada aplicación de medidas preventivas, tales como planes de emergencia y evacuación, han servido para minorizar el número de víctimas pero, por supuesto, no sólo ante la amenaza que nos ocupa, sino en todas aquellas en la que la concurrencia de seres humanos podría haber supuesto elevadas cifrar de víctimas.

13.2.- Motivaciones para la colocación, o amenaza, de artefactos explosivos.

Hace unos pocos años atrás, la amenaza sobre la colocación de un explosivo, debía de ser tenida muy en cuanta, dado el yugo, cuasi permanente, que bandas terroristas como ETA sometían sobre nuestra sociedad.

Surgió, posteriormente en nuestra cultura occidentalizada, aunque no en otras, el concepto de amenaza terrorista de origen islamista. Sin paliativos de ninguna clase, y sin hacer reseña sobre acto puntual, ya quedó grabada en nuestra historia, y de países con afinidad al nuestro en distintos ámbitos, la cicatriz resultado de acciones bélicas del tema que nos ocupa.

Sin embargo, existen otras motivaciones, de índole si se quiere más mundano o cotidiano, y no sólo las pseudopolíticas o religiosas, que lleva a otros seres humanos a utilizar la amenaza de *bomba (verídica o ficticia)* para la consecución de sus fines. Cualquier razón sería justificable indicar en este tema, pero no compartida por obviedad. La gama de motivación, por lo tanto, es extremadamente extensa, pero las principales son:

-***Económica***: Esta motivación nos podría llevar a cuestionar *quiénes* la emplean.

Esencialmente, uno de estos grupos, no amenazan, sino que directamente aplican el artefacto explosivo para la consecución de sus propósitos. El ejemplo más claro que se nos pone de manifiesto son aquellos que explosionan entidades bancarias con el sólo y exclusivo objetivo de la sustracción del efectivo que contienen, especialmente, los que todos conocemos como cajeros automáticos. Rara vez es posible la aplicación de medidas preventivas para aminorar el riesgo contra las personas, lo que no significa que no lo corran... Recordemos que no es extraño contar con un cajero automático en el bajo de un edificio de viviendas.

Desarticulado un grupo que volaba cajeros con la 'madre de Satán', el explosivo de los yihadistas

La Guardia Civil detiene a cuatro personas cuando iban a robar en un banco de Albacete y busca a una quinta

El Periódico

Barcelona - Sábado, 09/03/2019 | Actualizado a las 11:50 CET

Dentro de esta motivación *Económica*, podríamos realizar una subsección, un segundo grupo... aquellos que tienen una motivación económica pero amenazan con la colocación de dicho artefacto, es decir con *Motivación Económica con Extorsión previa*.

-*Laboral*: Por un lado, contamos con aquel empleado, o ex empleado, o número reducido de ellos, que descontento con su situación, amenaza con *bomba*. Éste es consciente, probablemente, de la seriedad con la que se tomará la misma. Lo que pretende conseguir, esencialmente, con la sola amenaza o colocación de artefacto ficticio, es el paro productivo de la empresa de forma momentánea al menos, con la consecuente pérdida económica.

-*Vandalismo*: En muchos de los casos de esta motivación, sencillamente, puede ser la mera satisfacción, por divertimento, ya sea de forma grupal, como podrían ser la colocación de pequeños objetos explosivos o incendiarios. Recordemos, por ejemplo, la destrucción de mobiliario urbano, como contenedores de basura, o de vehículos.

Pero también para esta motivación existen subsecciones. Las bandas, bien juveniles, bien de aquellas que se organizan función a etnia o nacionalidades, en mayor o menor medida, con sentimiento de discriminación respecto a la mayoría social. Éstas emprenden este tipo de acciones, bien con o sin amenaza previa, contra dicha mayoría e, incluso, contra bandas que entienden como rivales, quizás como expresión de fuerza sobre los demás o en "conquista" de zonas de acción delictiva de otra índole.

-*Piromanía*: Los ejemplos más claros surgen cada verano en nuestra, ya escasa, población arbolea. No obstante, dentro de esta misma motivación, pueden encontrarse otras, tales como las laborales (ejemplo de retenes forestales descontentos...) o un la clasificación peculiar de vandalismo que, sin ser exactamente ello, sí disfruta con la quema de masa forestal. Tiempo atrás, también lo fue la económica, con el fin de conseguir la recalificación de terrenos forestales a urbanizables.

De cualquier forma, sea cual fuere la motivación ante esta expresión de violencia, con o sin amenaza previa de colocación de artefacto explosivo o incendiario, pretende unas finalidades comunes:

-Crear confusión.

-Crear pánico.

-Crear desorden.

-Y, en caso del último fin que provoca un artefacto de esta índole, la destrucción física y muerte.

Sin embargo, debemos partir de la premisa que el número de amenaza de colocación de bomba ficticia es considerablemente muy superior a aquellos casos en los que sí existe finalmente un artefacto de estas características.

Por tanto, es condición la recepción de dicha amenaza.

13.3- Definiciones:

De cualquier forma, como ante cualquier amenaza, antes saber cómo actuar ante ésta, es imprescindible conocer sobre ella, sus características, sus consecuencias, sus distintas composiciones así como cuáles son las presentaciones con las que nos las podemos encontrar.

Por un lado, *la estabilidad de un explosivo* supone que su masa permanece sin alteración hasta que, por alguna alteración accidental o provocada, deja de ser estable, llegando al punto de liberar la energía química de la que son portadores.

Por lo tanto, se define como **sensibilidad de un explosivo**, el grado de alteración del mismo hasta llegar a dicho punto, es decir, cuando libera su **potencia explosiva**, que es, ni más ni menos, su capacidad de destrucción.

Pero, dicha liberación de la potencia explosiva, al fin y al cabo liberación de energía, en función del explosivo al que nos enfrentemos, será a una velocidad u otra.

Si la velocidad de transformación, o liberación de energía, de la masa del explosivo es inferior a 1000 m/s, la llamamos **deflagración**. Por su parte, si dicha velocidad se encuentra en el entorno a los 2000 y 7000 m/s, la llamamos explosión. Por el contario, si es superior a los 7000, será **detonación**.

Pongamos un ejemplo práctico con la que un vigilante de seguridad deberá de estar familiarizado, sin bien será materia para el área instrumental, pero válganos como práctica a pequeña escala del funcionamiento de explosivos:

Durante nuestras prácticas de tiro con revólver, utilizaremos cartuchos del calibre 38 especial. Este cartucho representará la "presentación" en la que nos encontramos este "artefacto explosivo" que, a su vez, está compuesto, a grandes rasgos, por una vaina metálica rellena de pólvora que cuenta, en su base o culote, con una cápsula. Dicha cápsula, llamada iniciadora, cuenta en su interior con otro explosivo. En el extremo opuesto, incrustado, el proyectil o bala.

Cuando la aguja percutora entra en contacto con la cápsula iniciadora, realiza presión contra ella. Al producirse, el explosivo de su interior reacciona al conseguir el límite máximo de su "estabilidad", liberando su "potencia explosiva", produciendo una "velocidad de liberación de energía" superior a 7000 m/s, por lo tanto, "detona".

Por la composición física del cartucho, la energía liberada pasa en contacto con la pólvora del interior de la vaina. En primer lugar, también dicho explosivo, la misma pólvora, "deflagra" pero, posteriormente como consecuencia de la liberación de gases y la presión a la que se le someten, termina por "explotar", consiguiendo que salga expulsado el proyectil a la velocidad que se pretende conseguir.

Llegados a este punto, como se ha podido ver en la reacción de la pólvora, un mismo compuesto explosivo, en función a las energías a la que se vean sometidas, su sensibilidad, según el momento de la física provocada, ha sido distinta de forma que de deflagración se ha transformado en explosión.

13.4.- Clasificaciones de los explosivos:

Las propias definiciones en **Función a la Velocidad Transformación o Liberación de Energía** daría, por sí misma, la primera clasificación de los explosivos:

- -Los explosivos nobles: Detonan.

- -Los altos explosivos o rompedores: Explotan.

- -Los explosivos deflagradores: Deflagran.

Si bien existen otras muchas clasificaciones, algunas de las que desarrollaremos en lo sucesivo, como principal tomaremos la dada por la manera de comportarse al ponerse de manifiesto su potencia explosiva.

En **Función al Estado en que se encuentran**:

- -Sólidos y, subdivididos a su vez, en:

  - -Explosivos Plásticos: con temperatura fría, conformada por una masa moldeable, similar en tacto a la plastilina.

    Ejemplos más conocidos:

-C4: Detona.

-TNT: Detona.

-Gelatinosos, o gomas: similar a la anterior pero no permite moldeado al ser más blandos, aunque sí son elásticos.

Ejemplos más conocidos:

-Goma 0, 1 y 2: Detonan.

-Pulverulentos: en forma de polvo.

Ejemplos más conocidos:

-Amonita: Explota.

-Pólvoras: Inicialmente, deflagran.

-Fluidos y, subdivididos a su vez, en:

-Gaseosos.

Ejemplo más conocido:

-Gas butano: Inicialmente, deflagra.

-Líquidos.

Ejemplos más conocidos:

-Gasolina y alcohol: Inicialmente, deflagran.

-Nitroglicerina: Puede explotar o detonar.

-Papillas explosivas: mezcla entre un explosivo plástico y un combustible líquido.

-Hidrogeles: mezcla en un oxidante y un combustible líquido.

-Emulsiones: mezcla de uno de los anteriores con combustibles líquidos.

Ejemplo más conocido:

-Solución de nitrato amónico con gasoil: Puede detonar, deflagrar o explotar, en función a las proporciones y cantidad.

Pero, si bien estas serían las presentaciones del material explosivo, la respuesta a cómo los encontraríamos *presentados* para su acción destructiva dará otra clasificación, en *__Función a su Presentación__*.

En primer lugar, puntualicemos que la presentación de un artefacto explosivo irá muy en función al fin último que pretenda el malhechor y, por consiguiente, su ingenio para la consecución. Con ello se quiere decir que la presentación será tan amplia en número como a aquel número de atentados que se pretenda, sea cual fuere el objetivo. Si bien, las presentaciones más comunes son:

-Las "*Trampas*": Generalmente activadas a distancia vía cable o radio, pretendiendo, con ello cierta impunidad en lo concerniente al lugar del acto, pero sí suelen contar con cierto grado de visibilidad sobre el objetivo.

Pero existen otros métodos que no requieren de la presencia del autor en el momento de la activación del explosivo, sin necesidad de visualizarlo, como pueden ser las bombas que se accionan a la hora del movimiento de un vehículo, bien por la acción de péndulos, activación de "botón" al accionar un embrague, la propia variación de niveles, la acción de un cerrojo de una puerta o maletín, etc.

-Los de "*Relojería*": Siendo un derivado de las primeras, pretenden, además de impunidad, si se quiere, de lugar, un principio de cronometría, adecuando el tiempo en el que debe de activarse el artefacto.

En muchos de estos casos intentan la acción destructora de la bomba en el momento en el que el objetivo realiza una determinada actividad, por ejemplo, una reunión, incluso un número más elevado de víctimas aleatorias al activarse en horas punta de actividad pero, en ocasiones, lo contario: por ejemplo, la voladura de un puente ferroviario en el momento que se sabe no pasará medio de transporte sobre el mismo.

Los de "*Tubos*": También una derivación de las trampas, pero su propia fisionomía los ha definido.

La igual que cualquier trapa, pueden conseguirse la impunidad en lo relativo al lugar y el momento, pero con la peculiaridad que también pretende la dirección hacia la que se dirige la potencia explosiva, dado que se elabora el artefacto, utilizando como base un tubo de alta resistencia direccionando su boca en forma de cañón.

…Volviendo a nuestro ejemplo del cartucho del calibre 38 especial, podríamos considerarlo como una "bomba de tubo", dado que, por su fisionomía "dirigen" la capacidad explosiva, si se quiere, en un sentido hasta el desprendimiento del conjunto del proyectil…

La importancia de las últimas dos clasificaciones de los artefactos explosivos, en función al estado en que se encuentra el explosivo, en sí mismo, y en función en su presentación, estriba, muy especialmente, a la hora de su localización, bien programada o bien por hallazgo mediante requisa e, incluso, por casualidad: no sólo saber qué se busca, o qué podemos encontrar, sino también cómo podemos encontrarlo será la clave.

13.5.- Composición de un artefacto explosivo:

Al igual que la idea fundamental de la descripción de las clasificaciones, también resulta imprescindible conocer de qué consta un artefacto de este tipo, como se dijo, con el fin último de su hallazgo con el resultado más positivo posible.

La composición común puede resumirse en:

-El explosivo, es decir, el material que dará el resultado destructivo.

-El iniciador, cebo o detonador, es decir, el elemento que será capaz de provocar la reacción del explosivo al sobrepasar el punto en el que la sensibilidad de éste libera su potencia.

-La fuente de alimentación, es decir, el material del que el iniciador, cebo o detonador adquirirá la energía para cumplir su función.

-El interruptor, es decir, el elemento que, al accionarse, el iniciador, cebo o detonador adquirirá la energía de la fuente de alimentación, iniciándose el proceso de la explosión.

-El cable de transmisión de energía del cebo al explosivo o del interruptor al cebo, o a ambos.

-La metralla, es decir, materiales adicionales que se incorporan al conjunto del artefacto que aumentan el poder de destrucción.

13.6.- Efectos de una explosión.

La mejor definición de una explosión viene dada por sus consecuencias inmediatas. Éstas son la liberación repentina, simultánea y violenta de energía calorífica, sonora y lumínica.

Pero inmediatamente antes de producirse la explosión, tal y como la conocemos, al iniciarse el proceso, *...una vez ha sido accionado el interruptor y éste ha dado posibilidad de que la fuente de alimentación dé energía suficiente al iniciador y, a su vez, la transfiera al explosivo...*, se produce una onda, conocida como **onda explosiva**, que recorre todo el material explosivo, provocando en él reacciones químicas que alteran su estabilidad.

Posteriormente, una vez la anterior onda ha recorrido todo el material explosivo, éste, con independencia de su composición inicial, se transforma en gases, produciendo otro fenómeno conocido como **onda expansiva**.

Esta última onda, debido a la gran velocidad con la que choca con el aire que la rodea, provoca otra tercera onda, la **onda de presión**.

Ésta es la que dispara a grandes distancias todo aquel material que se ha empleado en el artefacto, incluida la metralla, así como cualquier otro que vaya encontrando en su paso y, por tanto, la que mayor cantidad de destrucción alcanza, por "*alcance*", valga la redundancia, con independencia de aquel material con el que estaba en contacto inicialmente el artefacto.

Cuando la onda de presión comienza a aminorar su velocidad, sobre los 340 m/s hacia abajo, pasa a convertirse en **onda sonora**.

Para entonces, las consecuencias destructivas inmediatas del artefacto se han producido, pero no del todo. Deberemos tener en cuenta que mucho del material ha sido lanzado de tal forma que irá cayendo a la superficie por efecto de la gravedad, además de que, aunque la onda sonora vaya en decrecimiento, no significa que sea carente de destrucción, en especial, en su aún próxima onda de presión.

De cualquier forma, *el poder destructivo de las ondas que hemos definido, viene como consecuencia, además de la velocidad en sí misma, de aquellos materiales que proyectan, de la cantidad de explosivo que se utilice y, recordemos, de su velocidad de transformación o liberación de energía, es decir, en función a que detonen, exploten o deflagren*.

13.7.- Actuación ante la amenaza de la colocación de un artefacto explosivo.

A pesar de lo descrito hasta el momento, como se comentó, la gran mayoría de las amenazas que se puedan recibir sobre la colocación de uno de estos artefactos, son de índole ficticio, sin olvidar que la misma podría gozar de mayor credibilidad en función al lugar donde se supone colocada.

Éstos podría ser en:

-Centros pertenecientes a la banca, como edificios corporativos o centros administrativos de la misma.

-Cuarteles, instalaciones, aeródromos e industrias militares, o relacionadas la misma.

-Centros energéticos de diversa analogía, como nucleares, eléctricas u otras relacionadas con la transformación de energía, tales como hidroeléctricas.

-Grandes centros de almacenamiento y distribución de materias de primera necesidad, como podrían ser conglomerados de éstas, tales como mercados centrales de distribución de alimentos e, incluso, de almacenamiento de agua como presas y su maquinaria necesaria para la distribución de ella.

-Industria petrolera, tanto en sus sedes como en sus centros de extracción, transformación y distribución.

-Las instalaciones de las empresas de seguridad donde se custodien las armas y sus municiones, así como en aquellas donde se custodien fondos, valores y objetos valiosos.

-No podremos olvidar que los momentos políticos, sociales o judiciales hacen a determinadas industrias o actividades susceptibles de ser objetivos de amenazas, por ejemplo, las propias sedes políticas de distintos partidos de idiosincrasias diversas.

Fundamentalmente en este último punto, será crucial la colaboración entre éstos entes, los distintos departamentos de seguridad, las empresas de seguridad y las Fuerzas y Cuerpos de Seguridad.

Una vez estudiados los grupos de riesgo, es decir, las motivaciones que pueden llevar a la colocación de artefactos explosivos, las distintas presentaciones de ellos, las consecuencias de una explosión de los mismos así como dónde es probable la concurrencia de manifestación de la amenaza, estudiaremos los procedimientos que se deberán seguir.

13.8.- Gestión de la amenaza y fases de actuación:

Obviamente, debemos suponer que existe una amenaza previa, es decir, un comunicado de su potencial existencia, sea verídico o no el hecho de existencia.

Debemos también suponer, para el desarrollo de este apartado, que existe una vía bidireccional de comunicación entre el receptor y emisor del mensaje, es decir, que exista una conversación verbal y oral entre ambos, dado que en las amenazas escritas o grabadas no habrá posibilidad de pregunta y respuesta, sólo será de forma unidireccional y el mensaje no da lugar a "*feed back*" con el emisor del mensaje.

En caso contrario, si no existiese la amenaza previa o sí pero con la sola intención de dar veracidad de la colocación, se pasará, directamente, a otras fases, en concreto, a los Planes de Emergencia y Evacuación.

Puntualizaremos que, en el segundo de los casos, es decir, aquellos que comunican la colocación verídica e, de inmediato, interrumpe la comunicación, tiene una determinación firme de hacer estallar el artefacto. El objeto de realizar la comunicación previa, en general, pretende ocasionar menos víctimas pero continúa con la intencionalidad de destrucción.

La determinación firme de hacer estallar el artefacto, en el primero de los casos, es decir, hacerlo explosionar sin comunicado previo, si la motivación no es meramente económica, suelen ser nefastas...

No obstante, existiendo bidireccionalidad, también existe la posibilidad de recabar datos. Por su puesto, si el autor pretende impunidad o anonimato, generalmente se producirá la amenaza vía telefónica.

13.8.1.- *Primera Fase, ante La Recepción de la Amenaza:*

-Se mantendrá la tranquilidad, tratando de mantener todo el aplomo posible.

-Será muy importante intentar alargar la conversación, fundamentalmente, con el fin de localizar la procedencia de la llamada, bien por localización de las FFCCSS, bien por la precepción de sonidos procedentes del origen del lugar de la llamada, etc.

-Se tratará de que se nos diga la motivación de la amenaza, es decir, si se trata de descontento de empleado, motivación terrorista, etc.

-Se tratará de que nos indiquen cuáles son sus exigencias o reivindicaciones, en caso de que el interlocutor no las ponga de manifiesto.

-Cuándo hará detonación el artefacto.

-Dónde hará detonación el explosivo.

13.8.2.- Segunda Fase, Comunicación de la Información obtenida:

-Se informará de los datos, de la forma más precisa y concisa posible, a Director de Seguridad del centro de trabajo o responsable del centro.

-Dicho responsable, la hará extensiva, con claridad y concisión, a las Fuerzas y Cuerpos de Seguridad.

-Para el apoyo de dicha claridad, concisión y precisión en el traspaso de información, será muy aconsejable la existencia de un documento, lo más esquemático posible, que irá cumplimentando el receptor durante la conversación, en el que se indiquen aquellas preguntas a realizar y observaciones, como:

-Hora de la recepción de la amenaza.

-En qué momento y lugar tendrá lugar la detonación.

-De qué tipo de artefacto se trata.

-Presentación del artefacto.

-Voz masculina o femenina.

-Voz con acentos, bien extranjeros o de región.

-Voz con edad madura o joven.

-Voz con características tales como aguda, grave, tos, tartamudeos, etc.

-Tono alterado o tranquilo con rango del 1 al 5, por ejemplo.

-Espacio para anotar la motivación y reivindicación.

-Espacio para anotar el teléfono de procedencia, en caso de que apareciese en el aparato del receptor.

-Espacio para anotar ruidos de fondo: trenes, tráfico intenso, niños jugando, silencio, platos y vasos típicos de bares o restaurantes, sonido de multitud de personas, etc.

-Espacio para anotar las palabras lo más textuales posibles.

13.8.3.- Tercera Fase, La Toma de Decisiones:

-La credibilidad: Si ante la recepción de la amenaza y el análisis de la información, la Dirección de Seguridad del centro y responsable del mismo, en coordinación con las FFCCSS, se diera credibilidad al hecho de que es probable la colocación del artefacto.

-La incredibilidad: En caso contrario, si la Dirección de Seguridad y responsable del centro, en coordinación con las FFCCSS, considerasen muy improbable la colocación de artefacto explosivo.

-La duda: En caso de que ésta exista, se deberá considerar como en el primero de los casos descritos ante la toma de decisiones, es decir, se actuará como amenaza de colocación de artefacto explosivo real. Por lo tanto, *se pasará a la fase de respuesta como creíble.*

13.8.4.- Cuarta Fase, La Respuesta:

-Esencialmente, tras el pertinente análisis, en caso de credibilidad o duda, se pasará la puesta en práctica de los correspondientes Planes de Emergencia y Evacuación.

-Ante la incredibilidad de la amenaza, es decir, el riesgo entra en los rangos de tolerables, sobre todo, en base a análisis y evaluación de riesgos ante la probabilidad de manifestación de esta amenaza, se continuará con la cotidianidad, o restitución de la normalidad.

13.9.- Planes de Emergencia y Evacuación.

13.9.1- Concepto y Clases de Planes.

Estos documentos forman parte de las medidas organizativas generales de aplicación en el plan de seguridad general de la instalación y en cumplimiento del Real Decreto 393/2007 de 23 de marzo, que se aprueba la Norma Básica de Autoprotección, es decir, los **Planes de Autoprotección**, de los centros, establecimientos y dependencias dedicados a actividades que puedan dar origen a situaciones de emergencia, tales como las que nos ocupan u otras como incendios.

Por tanto, su concepto podría definirse como el conjunto de aquellos que implica *definir*, valga la redundancia, las actuaciones de respuesta a las situaciones de emergencia potenciales, estableciendo la estructura organizativa, las comunicaciones, los recursos y los procedimientos de ejecución para afrontar de forma organizada dichas situaciones.

Por su propia definición, los Planes de Emergencia y Evacuación, tendrán en cuenta, siempre, las prioridades de conservación de los bienes a proteger por el siguiente orden:

-La vida humana, recordemos, *el Bien Principal de Protección.*

-La reducción del número de heridos.

-Proteger los bienes contenidos.

-Vuelta al estado de normalidad de la actividad.

Teniendo presente las prioridades, en esa misma línea, los objetivos de éstos son:

-Tratar de impedir que la manifestación del riesgo cause daños.

-Combatirlo y minimizar los daños que ocasiona.

-Organizar la evacuación de personas y activos a zona segura, si es preciso.

-Prestación de primera asistencia a las víctimas potenciales.

-Cooperación con el restablecimiento de la normalidad de la actividad.

Se deberá, por tanto:

-Garantizar la transmisión de los niveles de alarma.

-Actuación precoz y efectiva por parte de los equipos de emergencia que se definirán a continuación.

Por su parte los *Planes de Emergencia*, definirán qué actividades hay que desarrollar ante la manifestación de la amenaza, la distribución de las tareas así como quiénes las desempeñan.

Los *Planes de Evacuación*, esencialmente, marchan aquellas rutas por las que, bien dirigidos por los equipos indicados en los planes de emergencia o bien por sí mismos, las personas deben abandonar los centros donde la manifestación de la amenaza sea un hecho, o exista la duda de que pueda serlo. Básicamente están conformados por planisferios indicando dichas rutas teniendo en cuenta aquellas puertas de emergencia próximas a la localización en el que se decrete la evacuación, en cualquiera de sus grados, como se describirá.

13.9.2- Equipos de Emergencia.

La composición de los distintos equipos de emergencia y cuadros de mando se realizarán en función del personal de cada centro de trabajo, equipo de vigilantes de seguridad privada, así como la propia estructura organizativa de cada empresa y su actividad en condiciones de normalidad además de su propio departamento de seguridad, es decir, lógicamente será personalizado e incluido en los correspondientes Planes Integrales de Seguridad, en concreto, en los Planes Organizativos, partiendo del conocimiento de los medios humanos y técnicos, de cualquier índole, de los que se dispone y, por supuesto, tras los correspondientes análisis y evaluaciones de riesgo.

No obstante, de cualquier forma se desarrollarían de la siguiente manera, a nivel genérico:

-Jefe de Emergencia (en adelante JE):

Dicha labor, con carácter general, es desempeñada por los directivos de los centros de trabajo, bien por los directores generales, jefes de recursos humanos, etc.

Será el encargado de dirigir todas las acciones y solicitar la atención urgente de seguridad externa al centro y el único interlocutor con los medios de comunicación, de la índole que fuese, que se interesasen por el incidente.

-Jefe de Intervención (en adelante JI):

También con carácter general, los encargados de sus tareas suele recaer sobre los responsables de seguridad de los centros de trabajo.

Será el encargado de valorar y clasificar la emergencia, en función de la información que irá recibiendo de la escala de mando inferior, así como la precisa en su actividad sobre el propio terreno.

Dirige y coordina la actividad de los equipos de emergencia siguientes y colabora con los miembros de la seguridad externa que acudan en ayuda.

De igual forma, mantendrá informado al Jefe de Emergencia.

-Equipos de Primera Intervención (en adelante EPI):

Podría ser desarrollada por los mandos intermedios de cada departamento, pero también, y deseable, por los vigilantes de seguridad de servicio, en especial, aquellos de puestos estáticos dentro de su operativa en la normalidad del centro.

Su tarea será acudir a la localización donde concurre la emergencia, tratando de controlarla por sí mismos y los medios a su disposición.

Este personal de seguridad privada, como el resto del servicio del centro, además de las técnicas relativas a emergencias y evacuación precisas para la adquisición de su habilitación, habrán de realizar, también como medida organizativa, por medio de su compañía de seguridad, los cursos de reciclaje y perfeccionamiento precisos en esta materia, conocimiento, por tanto, de las técnicas precisas en extinción de incendios, por ejemplo.

-Equipos de Segunda Intervención (en adelante ESI):

También podría ser desarrollada por otros mandos intermedios de los distintos departamentos de menor escala, pero, al igual que los anteriores, también deseable por vigilante de seguridad del equipo de seguridad privada, en especial, aquellos cuya función operativa fuese móvil.

Esencialmente, acudirán en apoyo y auxilio de los anteriores en caso de que fuese preciso, cuando la magnitud de los hechos no pudiesen ser controlada por aquellos.

-Equipos de Alarma y Evacuación (en adelante EAE):

La tarea de estos equipos se basará en la evacuación de las personas, de los sectores que tengan como responsabilidad, cuando la magnitud de los hechos no pudiese ser contenida y deba de decretarse evacuación, bien sea total o parcial, en función al grado de emergencia que se active.

Lo ideal es que, estas tareas, sean desarrolladas por personal con perfecto conocimiento del lugar y ubicación de puertas de emergencia, extintores, BIEs así como los distintos recorridos dentro de la estructura del centro, por ejemplo, personal del departamento de mantenimiento, etc.

Más en concreto, las funciones de éstos en sus áreas de responsabilidad:

-Conducción y barrido de personas hacia las vías de evacuación.

-En puertas, controlando la velocidad de evacuación e impidiendo aglomeraciones.

-En accesos a escaleras, controlando el flujo de personas.

-Impidiendo la utilización de los ascensores en caso de incendio.

-En salidas al exterior, impidiendo las aglomeraciones de sujetos evacuados cerca de las puertas.

-Los EAEs deben también comprobar la evacuación de sus zonas y controlar las ausencias en el punto de reunión exterior una vez que se haya realizado la evacuación.

Portarán chalecos reflectantes para la realización de la evacuación, con la inscripción "Equipo de Alarma y Evacuación", de tal forma que puedan ser reconocidos por personas ajenas que precisen de instrucciones.

-Equipo de Primeros Auxilios (en adelante EPA):

Dicha función será realizada por el médico y ATS de la instalación, o de ambos, si existiesen las figuras, siendo sus funciones la prestación de atención facultativa, la decisión de evacuación de heridos, colaboración con los servicios sanitarios externos y conocer e información de las bajas y heridos.

-Centro de Control, o Puesto Permanente de Seguridad (en adelante CC o PPS):

Obviamente, también si existiese y estuviese permanentemente atendido vigilantes de seguridad, serán los encargados de las siguientes tareas:

-Darán la alarma general cuando se lo ordene el Jefe de Emergencia.

-Comunicarán por megafonía los mensajes que le indique el Jefe de Emergencia.

-Avisarán a las ayudas externas cuando se lo ordene el Jefe de Emergencia.

-De forma cotidiana en estado de normalidad, en el caso de que la central de alarmas de incendio, por ejemplo, advierta de una posible emergencia o de una avería lo comunicará inmediatamente al Jefe de Emergencia.

-Una vez recibida la orden de evacuación, portarán una copia del plan de emergencia y un juego de llaves del centro, o llave maestra, y se dirigirán al punto de encuentro tal y como se describirá en el Plan de Evacuación.

-Revisarán visualmente, de forma cotidiana, el correcto estado de la central de alarmas de incendio y de la megafonía.

13.9.3.- Grados de las Emergencias:

Una vez conocidas y establecidas las funciones de los recursos humanos que actuarán ante emergencias, se debe conocer, los grados y niveles de emergencias y el esquema de Activación de la Alarma.

-Conato de emergencia, considerada alarma de primer nivel: Situación excepcional controlable con los recursos existentes en el centro:

-Requerirá la intervención de los Equipos de Primera Intervención y, si fuese necesario, la de los Equipos de Segunda Intervención.

-Dirección de la intervención por el Jefe de Intervención.

-Emergencia Parcial, considerada alarma de segundo nivel: Situación excepcional no controlable con los recursos existentes en el centro y requiere ayuda externa para su solución. Puede implicar la necesidad de evacuar parte de las instalaciones:

-Se requiere la intervención de los Equipos de Primera y Segunda Intervención.

-Se requiere la intervención del Jefe de Intervención sobre el terreno.

-Se requiere la intervención de los Equipos de Alarma y Evacuación, preparando la potencial evacuación del sector, o sectores, de su responsabilidad.

-Dirección de la intervención por el Jefe de Emergencia.

-Emergencia General, podría llegar a considerarse alarma de tercer nivel si se requiere la evacuación: Situación excepcional no controlable con los recursos existentes en el centro, es decir, requiere ayuda externa para su solución. Puede implicar la necesidad de evacuación completa las instalaciones:

-Se requiere la intervención de los Equipos de Primera y Segunda Intervención.

-Se requiere la intervención del Jefe de Intervención sobre el terreno.

-Se requiere la intervención de los Equipos de Alarma y Evacuación, preparando la potencial evacuación del sector, o sectores, de su responsabilidad.

-Se requiere la intervención de los Equipos de Primeros Auxilios.

-Dirección de la intervención por el Jefe de Emergencia.

-En caso preciso, se procede a la evacuación total del edificio.

13.9.4.- Esquema de Activación de la Emergencia:

Como resumen esquemático de las distintas fases ante la recepción de amenaza de colocación de artefacto explosivo, los diferentes grados de emergencia que se activarían y la participación, así como sus tareas, de los distintos equipos de emergencia, todos los procesos, en la práctica, serían:

-Activación de la Alarma:

-Puede haberse recibido la amenaza, generalmente, por teléfono como se dijo. Por esta razón, en muchos centros donde es elevado el índice de recepción de esas amenazas, desarrollada como actividad complementaria, las llamadas entrantes son recibidas por vigilantes de seguridad en centros de control o puestos permanentes de seguridad, con el objeto de que se traten, aquellas que resulten ser amenazas de colocación de artefactos explosivos, tal y como se desarrolló en la *Primera Fase del apartado Gestión de la Amenaza (Recepción de la Amenaza)*.

-El Jefe de Intervención es puesto sobre aviso de la amenaza y transfiere la información al Jefe de Emergencia: *Segunda Fase del apartado Gestión de la Amenaza (Comunicación de la Información).*

-Evaluación de la Alarma:

-Se dirigen a la presunta zona afectada los Equipos de Primera Intervención correspondientes. Se evaluará la posibilidad de resolución por ellos mismos, bajo la dirección del Jefe de Intervención que mantendrá informado al Jefe de Emergencia. Tras ello, sumado a la información recabada en la recepción de la amenaza, se tomarán las decisiones oportunas, bien pasando al siguiente punto, ya con la comunicación correspondiente a las FFCCSS y solicitado auxilio exterior, o el restablecimiento de la normalidad: *Tercera Fase del apartado Gestión de la Amenaza (Toma de Decisiones).*

-Decreto de la situación de la Emergencia:

* Si los Equipos de Primera Intervención pueden controlar la situación por sí mismos con los medios a su alcance, se dará por finalizada su intervención y, por medio de "feed back" con el centro de control, o PPS, y éste con Jefe de Intervención, y se ponen los medios de mantenimiento, si fuese preciso, para la vuelta a la normalidad de la actividad, decretándose un conato de emergencia.

* En caso contrario, se continúa con el apoyo a los Equipos de Primera Intervención por parte de los Equipos de Segunda Intervención.

* *No obstante, estos dos últimos puntos, podrían ser de aplicación para emergencias tales como incendios, por ejemplo, activación de bomba incendiaria, si bien, ante amenaza de bomba creíble o con duda, no se tendrán en cuenta.*

-De continuar la escalada de la emergencia, el Jefe de Intervención decretaría emergencia parcial o general, bajo la orden y dirección del Jefe de Emergencia, también con la intervención del resto de equipos de emergencia ya descritos: *Cuarta Fase del Apartado Gestión de la Amenaza (Respuesta).*

-Evacuación:

-Como parte de la *respuesta*, puesta en práctica de correspondiente Plan de Emergencias y Evacuación específico del centro.

13.9.5.- Implantación del Plan de Emergencia y Evacuación.

La implantación del plan de emergencia implica la realización de una serie de actividades, que de una forma cronológica son las siguientes:

- Nombramiento del Jefe de Emergencia y su suplente.

- Nombramiento del Jefe de Intervención y su suplente.

- Nombramiento de los Equipos de Emergencia.

- Nombramiento de los encargados de Primeros Auxilios.

- Fijar cuál es el Punto de Reunión, Punto de Encuentro, el cual deberá ser conocido por todos los trabajadores.

- Estudio del Plan de Emergencias y Evacuación.

- Informar a todos los trabajadores sobre los procedimientos de actuación en las diferentes situaciones de emergencia.

- Realizar un primer simulacro para evaluar el plan de emergencia.

-Por supuesto, se deben quedar claros, a ser posible por cuadrantes, quiénes ocuparían los distintos puestos de los equipos de emergencia, teniendo siempre en cuenta que no deben de existir descubiertos por vacaciones, libranzas, nocturnidad, etc.

13.9.6.- Actualización del Plan de Emergencias.

El listado de medios humanos, tanto del personal del centro como de subcontratas se actualizará con la incorporación o modificación de las personas que inicialmente no estarían en el centro así como por el cambio de funciones de las mismas.

Cada tres años, se valorará la necesidad de efectuar una revisión del plan de emergencia, con el objeto de mantener la operatividad y efectividad del mismo, teniéndose en cuenta:

- El número de trabajadores.

- Reformas efectuadas.

- Ampliación de las instalaciones (almacenamiento de combustibles, etc.).

- Otros factores a criterio del Jefe de Emergencia.

13.9.7.- Simulacros.

Se realizarán simulacros periódicos, al menos anualmente, con la finalidad de servir de entrenamiento del personal, detectar posibles circunstancias no tenidas en cuenta en las medidas de emergencia, medición de los tiempos de evacuación, etc.

Para la realización de dichos ejercicios, se avisará a los responsables de la seguridad externa, como bomberos, protección civil y policía local, para su participación en los mismos.

Los objetivos principales de los simulacros son:

-Detectar errores u omisiones tanto en el contenido del Plan como en las actuaciones a realizar para su puesta en práctica.

-Habituar a los ocupantes a evacuar el edificio.

-Prueba de idoneidad y suficiencia de equipos y medios de comunicación, alarma, señalización, alumbrados especiales y de extinción en su caso.

-Adquirir experiencia y soltura en el uso de equipos y medios.

-Estimación de tiempos de evacuación, de intervención de equipos propios y de intervención de la seguridad externa.

Por cada simulacro que se practique, se realizará un cuestionario con el registro de los siguientes datos:

-Si el simulacro se ha desarrollado según lo previsto: Si o No.

-Participación de seguridad externa: Si o No.

-Medición de los tiempos de la evacuación, por plantas y, en definitiva, por todo el centro hasta la llegada al punto de encuentro de todos los participantes.

-Si el personal conoce las pautas de actuación: Si o No.

-Si la comunicación ha sido la correcta entre los participantes y los equipos de emergencia: Si o No.

-Si la evacuación de personas con movilidad reducida se ha producido sin dificultad: Si o No.

-Si se han seguido los recorridos de evacuación accesibles de éstos últimos: Si o No.

-Si el funcionamiento de la Alarma ha sido adecuado: Si o No.

-Si la megafonía se oye en todas las dependencias: Si o No.

-Si se han producido accidentes de personas: Si o No.

-Si se han producido daños en el mobiliario: Si o No.

-Si se han producido daños en las instalaciones: Si o No.

Una vez finalizado el simulacro, si es necesario, se introducirán las modificaciones que se crean convenientes en ese documento, informando a todos los trabajadores del resultado del ejercicio y diferencias con los simulacros anteriores.

13.10.- El control de personal y objetos: Paquetería y Correspondencia. Control y Requisa de Vehículos.

Para este apartado, se retomarán conocimientos ya adquiridos del Tema 7, *El Control de Accesos.* Partamos de la base, para ello, que, uno de los objetivos principales de los controles de accesos es la detección de objetos que no tienen autorizado el paso a una instalación, como es el caso, obviamente, de artefactos explosivos.

Como norma de carácter general, el vigilante de seguridad deberá de seguir los procedimientos de actuación de cualquier control de accesos, ya sea para personas, objetos y vehículos. Recordemos con brevedad:

-Identificación: Se realizará por medio de los documentos oficiales o particulares que se establezcan, o bien mediante sistema de claves, tarjetas de acreditación o elementos biométricos.

-Autorización: Que se producirá una vez se produjese la primera y no existan inconvenientes para permitir el acceso.

-Acreditación: Mediante una acreditación bien sea permanente o temporal.

-Registro: Quedando reflejado el acceso, o la salida, observando el respeto a la Ley Orgánica de Protección de Datos de Carácter Personal.

Sin embargo, en centros donde los correspondientes análisis y evaluación de riesgos obtuviesen índices elevados ante la probabilidad de la manifestación de amenazas de colocación de artefactos explosivos, como serían los casos desarrollados en el presente tema en el aparado **Actuación ante la amenaza de la colocación de un artefacto explosivo**, se implementarán las medidas de seguridad pertinentes con el fin de la reducción de los citados índices.

Por otro, en especial en estos centros, SIEMPRE se realizarán los controles en BUSCA del hallazgo de uno de estos artefactos, NUNCA de forma rutinaria o de manera descuidada, o por *cubrir expediente*.

13.10.1.- El control sobre las personas.

También se realizarán las correspondientes identificación, autorización, acreditación y registro sobre todo objeto que las personas pudiesen portar.

En este punto, lo aconsejable, es que la dirección de los centros eleve los requisitos de autorización de aquellos accesos temporales, en especial las visitas.

En el control de las personas que deban acceder a unas instalaciones de este tipo, se dan dos circunstancias distintas:

- -Que las personas puedan portar armas y explosivos en su cuerpo.
- -Que dichas armas y explosivos puedan acceder en bolsas, maletas, maletines, mochilas, etc.

Por lo tanto, también de forma más que aconsejable, se deben emplear equipos de tecnología de rayos X para la detección de estos objetos peligrosos así como detectores de metales, tipo pala o arcos detectores de metales, pudiendo chequear, con los primeros, las pertenencias de las personas que transporten en las manos y, las segundas, a las mismas personas en sí mismas.

Por otro lado, en relación al tipo de personas que pudiesen acceder a las instalaciones, también se darán otras dos circunstancias claramente diferenciadas:

- -Que se traten de personas que trabajen en las instalaciones, bien personal propio o subcontratado.
- -Que se traten de personas cuya permanencia en las mismas sea temporal, tales como visitas, etc.

Tanto en un caso como en otro, los controles deben ser los mismos a la entrada a los centros, es decir, el paso obligado por arco de detectores de metales, el paso de sus bolsos, maletines y mochilas por aparatos de rayos X, etc.

Una vez sorteados positivamente éstos, los primeros utilizarán aquellos medios de accesos, como tarjetas magnéticas corporativas.

Sin embargo, para el segundo de los supuestos, también tras traspasar los controles citados, si cabe, también con mayor rigor, para la adquisición del procedimiento de autorización de acceso, se realizará con escrupulosidad, aunque de forma educada y discreta, además de la observancia su actitud.

En este caso, NO puede caber duda en el procedimiento de identificación. NUNCA accederá nadie que no goce de la correspondiente autorización, a ser posible, visada por la persona a la que visite así como con el visto bueno de los responsables jerárquicos de ésta. SIMPRE la acreditación dará acceso de paso al lugar de la visita concertada y en el registro no debe quedar campo sin rellenar, tales como nombre y apellidos, DNI, motivo de la visita, ubicación de la misma, persona a la que visita, hora de entrada y de salida. Se deberá, con la anotación de la hora de salida que dicha persona sale y entrega la acreditación que se le expidió de forma transitoria.

Recordemos que el rigor y la profesionalidad, sin estar reñida con los buenos modos y educación, en la realización de estas tareas SIEMPRE serán medidas de seguridad con un carácter disuasorio.

13.10.2.- El control sobre la paquetería y correspondencia.

Para un correcto control sobre éstos, deberían de cumplirse las siguientes premisas:

-Contar con **Medios Técnicos** adecuados:

-Disposición de Medios Técnicos de Detección, tales como Scanner, aparatos de Rayos X y detectores de explosivos mediante los gases que emanan. En este mismo sentido, cabe destacar los resultados positivos que se obtienen en estos controles con el uso de perros adiestrados en la detección de explosivos.

-Disposición de Medios Técnicos Físicos, tales como contenedores de artefactos explosivos donde permanecerían hasta la llegada de los miembros de las FFCCSS especializados se hagan cargo, cuando la detección por medios técnicos de detección diesen como resultado la probable presencia de aquellos.

-Contar con **Medios Organizativos** orientados a la prevención.

Dentro de éstos:

-Formación adecuada de los vigilantes de seguridad al cargo de los medios técnicos de detección.

-Evaluación de la idoneidad de un único punto de acceso para correspondencia y paquetería, con su correspondiente espacio para la inspección, alejados de las zonas de afluencia de personas.

-Contar con un procedimiento de actuación exclusivamente para el adecuado control de accesos de estos objetos.

Tal como se describe:

-Todo paquete o correspondencia, sin excusa, debe someterse al control de los medios técnicos descritos, teniendo en cuenta, SIEMPRE, la composición básica de un artefacto explosivo.

-Todo paquete o correspondencia que supere adecuadamente dichos controles, deberán de ser visados por el vigilante de seguridad al cargo, con métodos de pegatinas o sellos de difícil manipulación.

-Con independencia de éstos, el vigilante de seguridad al cargo, deberá:

Estar atento a manchas aceitosas en los paquetes o sobres.

Comprobar que existe, en el centro objeto de su protección, el destinatario.

Observar anomalías o errores en remitentes o sean confusos o no estén consignados.

Faltas de ortografía en demasía.

Lugar de origen en caso de procedencia de zonas en conflicto o desde se dirijan amenazas.

Paquetes que el remitente no ha solicitado o no esperaba.

Cables que puedan ser visibles o notados con el tacto.

Grosores excesivos de los sobres.

-En caso de que un paquete o sobre no supere los controles, es decir, exista indicio razonable de la existencia de artefacto explosivo en su interior:

Mantener todo el aplomo posible.

Introducir el paquete en el contenedor de artefactos, de existir. En caso contrario, depositarlo en el lugar que se considere más apropiado en función a la disminución de daños.

No intentar abrirlo y manipularlo lo menos posible.

Comunicar el hallazgo de forma inmediata a las FFCCSS así como a los responsables del centro que, tal y como ya se ha estudiado, decretarán el grado de emergencia correspondiente, y, en función a éste, se activará el Plan de Emergencias y Evacuación.

13.10.3.- El control y requisa sobre vehículos.

Hay que tener presente que los vehículos, por si mismos, pueden ser considerados grandes contenedores de explosivos y metralla. Por lo tanto, llegado el caso, podría provocar su utilización un gran poder destructivo. Siendo así, deben tener un tratamiento específico.

Pueden darse tres circunstancias:

-Que el vehículo pretenda acceder al centro.

-Que el vehículo se encuentre estacionado en apartamientos anteriores al paso los pertinentes controles de acceso.

-Que el conductor pretenda introducirlo al centro por la fuerza.

La forma inspeccionar un vehículo, de manera exterior, en el primero y segundo de los supuestos, será similar. Sin embargo, la requisa del vehículo, una inspección ocular interior, cuando el vehículo se encuentra estacionado, no será habitual ni aconsejable.

En el tercero de los supuestos, no existirá opción de inspección. No son habituales los atentados con coche bomba con conductor suicida, en especial en Europa, lo que no significa que no exista la potencial posibilidad pero, la única posibilidad de evitarlo, será contar con medios de seguridad física eficaces, en especial en los lugares más vulnerables para su penetración en los centros, con la instalación de bolardos mecanizados, por ejemplo, en los mismos controles de accesos.

-Inspección ocular exterior de vehículos en controles de acceso y estacionamientos.

Los vigilantes de seguridad habrán de atenerse, para estas inspecciones, a las siguientes instrucciones:

-No tocar el vehículo, hasta realizar una revisión exterior del estado del mismo, observando:

Arañazos profundos en las cerraduras, apertura del capó, depósito y ventanillas. En los supuesto de encontrarse estacionado, buscar en las cercanías cintas adhesivas, pedazos de cableado, peladuras de cables, etc.

-Tratar de observar el interior del vehículo a través de los cristales:

Lo más importante que se debe buscar serán peladuras de cable sobre los asientos y suelo, cables sobresaliendo del salpicadero, paquetes o bolsas que no podamos identificar con claridad.

-Tras ello, con la ayuda de espejo a tal efecto y una linterna, observar los bajos del vehículo:

Buscando, igualmente, cables sueltos, piezas que no sean propios del bajo del vehículo, objetos adheridos, etc. Los bajos del vehículo suelen estar sucios de barro seco, por lo tanto, aquellas partes que aparezcan más limpias que resto, deberán de ser inspeccionadas con mayor rigor.

-Inspección ocular interior de vehículos, o requisa, en controles de acceso y estacionamientos.

La premisa fundamental para su procedimiento será que NUNCA se realizará sin haber realizado la inspección exterior. Por otro lado, el vigilante de seguridad, recordará que, en los casos en que los vehículos se encuentren estacionados, éstos suelen estar cerrados. Tan sólo el hecho de que no sea así, será motivo suficiente para dar aviso a las FFCCSS salvo que conozcamos, o exista posibilidad de conocer, al conductor que lo ha estacionado.

De cualquier forma, se realizará de la siguiente metodología, aunque, en los controles de accesos, el rigor de ésta irá muy en función de los niveles de alarma de los que se tengan conocimiento y de los que se recibiese indicaciones, en especial, de las FFCCSS:

-Se inspeccionarán los asientos, en especial la del conductor, pero sin abandonar la inspección de todos ellos. Al igual que se realizó desde el exterior por medio de los cristales, buscaremos cables sobresalientes del salpicadero, restos de éstos sobre los asientos y alfombrillas, así como restos de cinta adhesiva. También se observará las partes del suelo cubiertas por las alfombrillas, en busca de los mismos objetos.

-Posteriormente, continuaremos por las zonas del salpicadero que hayamos dejado, guanteras, tanto con puerta como aquellos abiertos como los casos de los que suelen tener las puertas.

-Tras el anterior paso sin hallazgo, se pasará a la zona del motor. Como se indicó para la inspección exterior de los vehículos en lo concerniente al suelo de éstos, el motor suele estar también sucio de polvo adherido por acción también por restos de aceites. Por lo tanto, se prestará mayor precaución y observancia sobre aquellos lugares que nos parezcan más limpios que el resto del compartimento que contiene el motor. Se tendrá atención especial a cables inusuales que procedan de la batería.

-Por último, se pasará al compartimento del maletero. Éste no se abrirá por completo hasta que no estemos seguros de que no existen mecanismos de activación que utilicen su apertura como interruptor. Por ello, sólo se abrirá con el espacio suficiente como para introducir una linterna, siempre y cuando, no haya podido ser posible haberse cerciorado, desde el interior, al retirar la bandeja con la que cuentan, como separación del resto del habitáculo, los turismos. En el caso de aparecer en el interior del maletero paquetes sospechosos u ollas exprés cerradas, se dará aviso inmediato a las FFCCSS.

-Ante el hallazgo de sospechas, dudas o certidumbres, por supuesto, en cualquiera de las fases de la requisa, al igual que en cualquiera de los casos descritos hasta el momento, se procederá a comunicarlo, de forma inmediata, a las FFCCSS así como a los responsables del centro que, decretarán el grado de emergencia correspondiente, y, en función a éste, se activará el Plan de Emergencias y Evacuación.

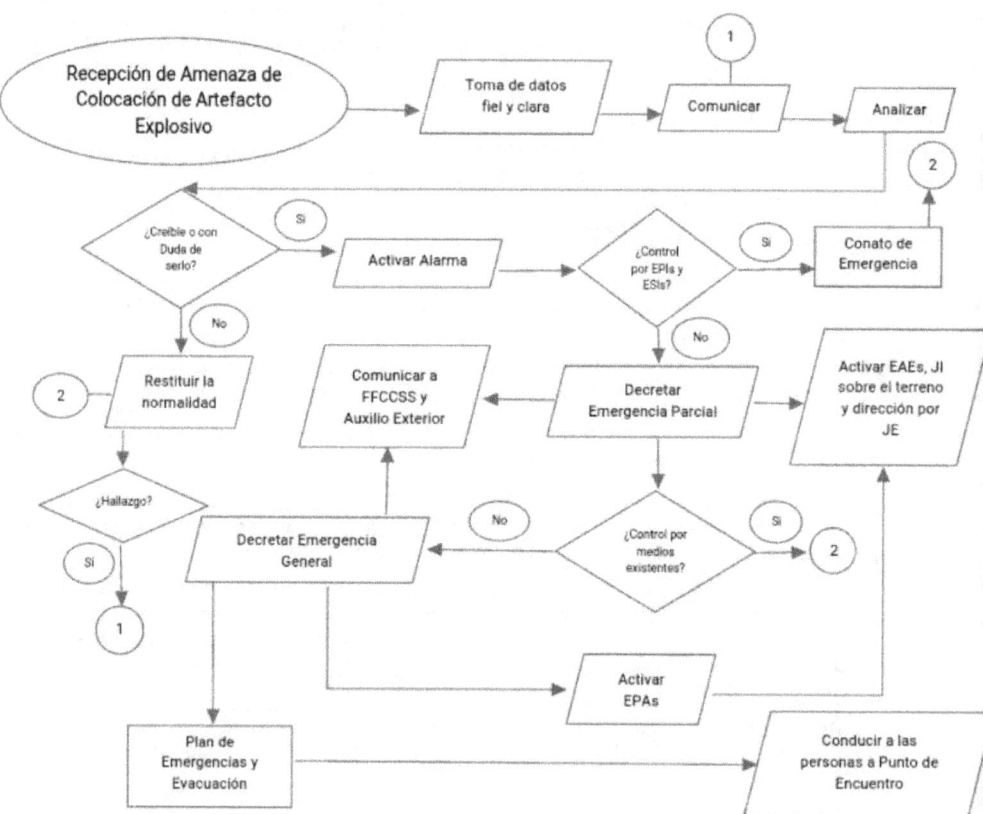

(Flujograma sobre el esquema de activación de la alarma)

14.1.- Introducción:

A modo de preámbulo de este tema, partiremos del hecho de que la seguridad ciudadana es uno de los elementos esenciales de nuestro Estado de Derecho.

Ya la **Constitución Española**, asumió el término "*Seguridad Ciudadana*", en su artículo 104.1, y el de "*Seguridad Pública*" en el 149.1.29. Posteriores textos legales y jurisprudencia han ido asentando como casi sinónimos ambos conceptos.

De cualquier forma, los garantes de ésta, la *Seguridad Ciudadana*, serán las Fuerzas y Cuerpos de Seguridad, previniendo y persiguiendo los actos ilícitos, asignando al Poder Judicial la aplicación del ordenamiento jurídico contra aquellas desviaciones.

Con todo ello se conseguiría la protección de las personas y los bienes, manteniendo, por lo tanto, la tranquilidad de la ciudadanía.

Si bien hay que ser consciente de lo resumido hasta el momento en este campo, pero no sesgado de contenido básico para el entendimiento de la importancia de las FFCCSS en nuestro Estado de Derecho.

Tanto es así que la **Ley Orgánica 2/1986, de 13 de Marzo, de las Fuerzas y Cuerpos de Seguridad**, en relación directa con los dos artículos mencionados de la Constitución, manifiesta que la Seguridad Pública es competencia exclusiva del Estado, en su artículo primero.

Pero, dejaremos patente aquello que también cita, en su artículo cuarto, la misma Ley Orgánica que, recordemos, "Orgánica" significa que emana directamente de la Constitución:

> *…Todos tienen el deber de prestar a las FFCCSS el auxilio necesario en la investigación y persecución de los delitos…*

> *…Las personas y entidades que ejerzan funciones de vigilancia, seguridad o custodia referidas a personal y bienes o servicios de titularidad pública o privada* **tienen especial obligación***…*

Desde estos puntos, y como referente la propia **Ley 5/2014, de 4 de Abril de Seguridad Privada**, se establecen los mecanismos de control e intervención que las FFCCSS ejercerán sobre el sector de la seguridad practicada por particulares.

Sin embargo, el legislador, siendo consciente del avance de la seguridad privada en la sociedad, a diferencia de la anterior ley, sin abandonar, obviamente, el precepto de subordinación respecto a la Seguridad Pública, desarrolla, como principio, la complementariedad de la seguridad privada para con la pública. A partir de ahí, se articula la relación de colaboración de la seguridad privada con las FFCCSS.

En esa línea es conveniente recordar, como nota, el mismo artículo 1 de la Ley 5/2014:

> *…Esta ley tiene por objeto regular la realización y la prestación por personas privadas, físicas o jurídicas, de actividades y servicios de seguridad privada que, desarrollados por éstos, son contratados, voluntaria u obligatoriamente, por personas físicas o jurídicas, públicas o privadas, para la protección de personas y bienes. Igualmente regula las investigaciones privadas que se efectúen sobre aquéllas o éstos.* **Todas estas actividades tienen la consideración de complementarias y subordinadas respecto de la seguridad pública***…*

14.2.- Herramientas para la Colaboración:

Pero...¿Cómo organizar esa colaboración? ¿Cómo puede el personal de seguridad, empresas de seguridad así como usuarios de seguridad privados prestar colaboración, brindar información, en definitiva, prestar el auxilio debido a las FFCCSS?

Para un mejor entendimiento, realizaremos un desgrane de lo que normativamente se dispone para la consecución de dicho objetivo, la colaboración:

Para articular este conglomerado, la misma ley en su artículo 15, *Acceso a la información por las FFCCSS*, pone la base para lograrlo, tales como la autorización para la cesión de datos para la salvaguarda de la seguridad ciudadana.

Incluso el 16 insta al propio Ministerio de Interior, u órganos autonómicos si fuesen competentes para ello, a adoptar las medidas organizativas con el fin de lograr, de forma adecuada, la coordinación para la colaboración.

A ese respecto, y con tal fin, el Ministerio de Interior, en su Orden INT/318/2011, sobre el personal de seguridad privada, en su artículo 32, Deber de Colaboración, pone de manifiesto el deber del citado personal. En el 33, Requerimiento de Colaboración, lo insta a ella en el ejercicio de sus funciones. Pero además, en el 34, Consideración Profesional, deja patente el trato preferente y deferente que este personal recibirá de las FFCCSS, así como en el 35, Consideración Legal, otorga al personal de seguridad privada, la consideración jurídica para aquellos que acuden en auxilio de las FFCCSS.

Pero el Ministerio de Interior, no sólo dirige la colaboración al personal de seguridad privada, sino que también lo hace para las empresas de seguridad privada, a tenor del artículo 13 de la Orden INT/314/2011, sobre empresas de seguridad privada.

Sin embargo, la normativa no deja lugar a que la consecución de la colaboración sea exclusiva *al personal y empresas sobre el terreno*. La Orden INT/315/2011, regula las Comisiones Mixtas de Coordinación de la Seguridad Privada.

Estas comisiones están compuestas, a grandes rasgos, por miembros de las FFCCSS, de representantes de empresas de seguridad privada, de representantes del personal de seguridad privada pero, además, por **representantes de establecimientos obligados a disponer de medidas de seguridad**. Por lo tanto, queda cubierta la representación prácticamente en todo ámbito en el que la seguridad privada tuviese cabida.

En ellas, ya tengan carácter nacional o provincial, entre otras funciones, se otorga a sus representantes, el asesoramiento en esta materia al Ministerio de Interior, se intercambian experiencias pudiendo proponer procedimientos de lucha contra la delincuencia, se intercambian avances tecnológicos con el mismo fin, se proponen actividades para la formación del personal de seguridad privada, etc.

14.3.- Estrategia para la Colaboración:

La colaboración entre los servicios de seguridad público y privado, es una estrategia de gestión para movilizar los recursos humanos, administrar la información, coordinar las acciones operativas y establecer criterios de intervención, todo en base al marco legal de referencia visto anteriormente y con el objetivo de dar respuestas a las necesidades sociales.

La colaboración debe construirse con:

-Convenios y relaciones: Contempla la obligación y las materias de colaboración.

-Protocolos y Procedimientos: Desarrolla y fomenta la colaboración.

-Conocimiento e intercambio de información: Determina la planificación táctica.

-La interiorización de que la misión de los servicios de seguridad tanto públicos como privados es prevenir el delito, evitar la violencia y garantizar la seguridad.

Por lo tanto, con los siguientes compromisos:

Por parte las FFCCSS:

-Reciprocidad y bidireccionalidad.

-Integración y distribución de la información.

-Participación en la planificación.

-Mejora continua.

-Reconocimiento profesional.

Por parte del sector de seguridad privada:

-Utilizar los procedimientos y los canales dispuestos por las FFCCSS para la materialización de los distintos actos de colaboración.

-Poner a disposición de las FFCCSS cuanta información posea sobre los hechos delictivos o susceptibles de afectar a la Seguridad Ciudadana, correspondiente a su ámbito de competencias.

-Cumplir en todo momento con su deber de auxilio y colaboración, facilitando a las FFCCSS, tanto de propia iniciativa como a su requerimiento, la información y el apoyo que resulte necesario en los ámbitos preventivos y de investigación.

-Hacer buen uso de la información que reciba de las FFCCSS, utilizándola de la manera más adecuada para la mejora de la seguridad ciudadana y para la efectividad y eficacia de los servicios de seguridad privada.

-Guardar la reserva necesaria en relación con la información o apoyo que pueda demandar y recibir de las FFCCSS, usando la información para los exclusivos fines para los que se fue solicitada y suministrada.

Y, los compromisos de ambos:

-Mantener una voluntad y actitud proactiva, abierta y favorable a la colaboración, tratando de superar los posibles inconvenientes o dificultades que, en cada caso, puedan presentarse.

-Acusar recibo y dar cumplida respuesta a las solicitudes que puedan dirigirse mutuamente, llevando acabo las acciones que sean necesarias en relación con las mismas.

-Disponer de la información para la finalidad de la seguridad, sin necesidad de tener que volverla a comunicar a ningún otro Cuerpo de Seguridad o servicio de Seguridad Privada.

Fruto tanto de la articulación dada por la normativa, así como de los compromisos adquiridos por parte de las partes, valga la redundancia, interesados en la colaboración, nacieron programas de colaboración que, a la postre, son los procedimientos y canales de mayor utilización, con independencia de los contactos puntuales:

-De forma General:

-Programa Coopera de la Guardia Civil.

-Programa Red Azul de la Policía Nacional.

-Programa Plus Ultra de la Guardia Civil.

-Programa Planeta Azul de la Policía Nacional.

-Proyecto RAI de la Policía Nacional.

-Proyecto PLACER de la Policía Nacional.

-Proyecto SIGA de la Policía Nacional.

-De forma específica:

-Convenio AENA-MIR.

-Protocolo Madrid y Operación Jade, entre Centrales Receptoras de Alarma, Policía Nacional y establecimientos obligados a medidas de seguridad, como en los casos de entidades bancarias.

-Con Comunidades Autónomas:

-Xarxa de Collaboracio de los Mossos d'Escuadra.

En este punto, cabe destacar la importancia de los Programas Red Azul y Coopera para el *personal sobre el terreno*: especialmente los vigilantes de seguridad.

Por medio de sus diversos programas, o subprogramas si se quiere, de gestión horizontal y vertical, ha tratado de dar una cobertura completa las necesidades de colaboración con la seguridad privada, abarcando cualquier ámbito con esta última, siempre orientado a la evaluación de la información que puede ser útil para, efectivamente, la seguridad ciudadana.

En especial el **Programa Consulta**, por medio de la sala de coordinación durante las 24 horas, es el punto fuerte, en todo el entorno del Programa Red Azul, en el que los profesionales sobre el terreno pueden apoyarse en sus labores operativas.

Por su parte el **Programa Conecta** debe ser una herramienta clave. La información, mejor dicho, "la información correctamente tratada", qué duda cabe, que tiene que ser el pilar fundamental, sobre todo, en la prevención. El inconveniente llega a la hora de la introducción de datos, el mantenimiento de las bases de datos y decidir cuáles son informaciones relevantes, así como quiénes son los encargados de su mantenimiento. Para la consecución de sus fines, la información debe ser bien perfilada: no toda información es de relevancia y el exceso de ella, más que informar, desinforma.

14.4.- Resultados:

Concretamente, durante 2018 se incrementaron todas las líneas de actuación impulsadas desde la Unidad Central de Seguridad Privada para fomentar la colaboración público-privada en materia de seguridad.

En este sentido, se llevaron a cabo:

-254 difusiones.

-670 reuniones.

-69 actos institucionales.

-1.592 colaboraciones.

-4.572 asistentes a actividades de formación.

Desde la Unidad Central de Seguridad Privada recuerdan que la seguridad es cosa de todos. De ahí la importancia de contar con la colaboración del sector privado para que la información obtenida, que pueda ser de interés para la seguridad pública, sea transmitida y tratada con el fin de conseguir una mayor eficacia contra la delincuencia y los riesgos a los que se enfrenta la sociedad.

Como consecuencia de todos los esfuerzos de potenciación de la colaboración, en términos generales, ésta ha aumentado un 13,3 por ciento entre los años 2016 y 2017, que pasaron de ser 63.762 a 72.279, respectivamente.

Esto supuso, por ejemplo, un aumento entre periodos de más de un 70 por ciento de auxilios y colaboraciones, pasando de 9.720 a 16.566, por ejemplo.

No cabe duda, por lo tanto, que vistos los esfuerzos, en el ámbito sólo del Cuerpo Nacional de Policía del pasado año 2018, estas cifras últimas cifras se incrementarán en relación con el actual.

14.5.- Estudio de modelos de colaboración en otros países.

Sea cual fuere la fórmula básica de correlación, o coexistencia, entre la seguridad pública y privada en cualquier país, ya la *Oficina de las Naciones Unidas contra la Droga y el Delito*, en su serie de manuales de justicia penal, consciente del avance de la seguridad privada en el mundo, publicó en el 2014 todo un tratado titulado Regulación por el Estado de los Servicios de Seguridad Privada Civil y contribución de esos servicios a la prevención del delito y la seguridad de la comunidad.

En su capítulo primero, se hace no sólo mención a España, sino que expresa y, extensamente, detalla los beneficios de la Ley de Seguridad Privada en la consecución de la colaboración, además de un ejemplo de contribución de los servicios de seguridad privada al bienestar social.

Por lo tanto un modelo, el español, ya no sólo de referencia con respecto a países de nuestro entorno, sino en el mundo.

Concretamente, en esta misma línea, y fijando como referencia a CoESS, Confederación Europea de Servicios de Seguridad, no existe precisamente un exceso de planes estratégicos permanentes, como pueden ser los casos de Red Azul o Copera, aunque sí puntual.

Sin embargo, en este ámbito, la CoESS, en relación a los tipos de colaboraciones genéricas, identifica una serie de modelos que van desde fórmulas de pura coexistencia, siendo, para ésta, siempre los basados en la supervisión de la policía y un carácter de complementariedad entre ambas, a la vez que subordinada la privada respecto a la pública, pero no con una clara materia en dirección a la colaboración específicamente.

Si bien, sí existe un plan estratégico de colaboración permanente, aunque no con los agentes puramente intervinientes a nivel de la práctica de seguridad privada y pública: El Proyecto Griffin, de Reino Unido, que se implantó en 2004 con el objeto principal de evitar el colapso de los medios públicos ante la perspectiva de atentados terrorista, por tanto, no como medio para la lucha contra la delincuencia de cualquier índole.

Éste gozó de un gran éxito en su implantación. Tenía por objeto reunir a la policía, las empresas de seguridad privada y la comunidad, en general, para detectar, disuadir y combatir las actividades terroristas.

Consistía en un canal de comunicación que permitía a la policía compartir información e inteligencia, además de recibirla.

Además, el proyecto, alentaba a que el personal competente en la materia, y otros miembros de la sociedad civil de zonas definidas, asistieran a cursos de formación donde recibiesen información y capacitación de la policía sobre riesgos actuales, cuestiones que han de mantenerse bajo vigilancia, procedimientos que deben seguirse durante un incidente, cómo comunicar la información obtenida, etc.

También se impartía capacitación al personal de seguridad privada de forma que pudiesen ser desplegados, como fuerza auxiliar, en caso de atentados terroristas de grandes proporciones.

De hecho, estos cursos no sólo siguen impartiéndose a día de hoy, sino que ha trascendido, el Proyecto Griffin, a otros países como Australia, además a otros sectores económicos de la sociedad británica, como la hostelería.

De cualquier forma, si bien modelos de colaboración como el visto es de gran utilidad para una población civil ante hechos como atentados terroristas, lo cierto que el modelo de colaboración existente en nuestro Estado, dan cobertura, no sólo a la prevención de tales hechos, sino a todo delito que afecta a la cotidianeidad de la sociedad.

Por tanto, es tener en cuenta las reflexiones de las Naciones Unidas, mediante su Oficina de Lucha Contra la Droga y el Delito, desde la que se recoge como referencia al modelo de nuestro país.

ANEXO I.- Marco Normativo.

General:

Constitución Española, Aprobada por las Cortes en sesión plenaria del Congreso de los Diputados y del Senado, celebrado el 31 de Octubre de 1978, Ratificada por el Pueblo Español en Referéndum el 6 de Diciembre de 1978.

Ley Orgánica 10/1995, de 23 de noviembre, del Código Penal (BOE núm. 281, de 24 de noviembre).

Ley Orgánica 1/2015, de 30 de marzo, por la que se modifica la Ley Orgánica 10/1995, de 23 de noviembre, del Código Penal.

Ley Orgánica 2/1986, de 13 de marzo, de Fuerzas y Cuerpos de Seguridad (BOE núm. 63, de 14 de marzo).

Ley Orgánica 4/2015, de 30 de marzo, de Protección de la Seguridad Ciudadana (BOE núm. 77, de 31 de marzo).

Específica en Materia de Seguridad Privada:

Ley 5/2014, de 4 de abril, de Seguridad Privada (BOE núm. 83, de 5 de abril).

Real Decreto 2364/1994, de 9 de diciembre, por el que se aprueba el Reglamento de Seguridad Privada (BOE núm. 8, de 10 de enero de 1995. Corrección de erratas en BOE núm. 20, de 24 de enero de 1995).

Orden INT/314/2011, de 1 de febrero, sobre empresas de seguridad privada. Ministerio del Interior «BOE» núm. 42, de 18 de febrero de 2011 Referencia: BOE-A-2011-3168.

Orden INT/315/2011, de 1 de febrero, por la que se regulan las Comisiones Mixtas de Coordinación de la Seguridad Privada (BOE núm. 42, de 18 de febrero. Corrección de errores en BOE núm. 61, de 12 de marzo).

Orden INT/316/2011, de 1 de febrero, sobre funcionamiento de los sistemas de alarma en el ámbito de la seguridad privada. Ministerio del Interior «BOE» núm. 42, de 18 de febrero de 2011 Referencia: BOE-A-2011-3170.

Orden INT/317/2011, de 1 de febrero, sobre medidas de seguridad privada. Ministerio del Interior «BOE» núm. 42, de 18 de febrero de 2011. Referencia: BOE-A-2011-3171.

Orden INT/318/2011, de 1 de febrero, sobre personal de seguridad privada (BOE núm. 42, de 18 de febrero. Corrección de errores en BOE núm. 61, de 12 de marzo).

Orden INT/2850/2011, de 11 de octubre, por la que se regula el reconocimiento de las cualificaciones profesionales para el ejercicio de las profesiones y actividades relativas al sector de seguridad privada a los nacionales de los Estados miembros de la Unión Europea (BOE núm. 255, de 22 de octubre. Corrección de errores en BOE núm. 273, de 12 de noviembre).

Orden PRE/2914/2009, de 30 de octubre, que desarrolla lo dispuesto en el Real Decreto 1628/2009, de 30 de octubre, por el que se modifican determinados preceptos del Reglamento de Seguridad Privada, aprobado por Real Decreto 2364/1994, de 9 de diciembre, y del Reglamento de Armas, aprobado por Real Decreto 137/1993, de 29 de enero (BOE núm. 264, de 2 de noviembre).

Real Decreto 2487/1998, de 20 de noviembre, por el que se regula la acreditación de la aptitud psicofísica necesaria para tener y usar armas y para prestar servicios de seguridad privada (BOE núm. 289, de 3 de diciembre).

Resolución de 6 de junio de 2012, de la Dirección General de la Policía, por la que se constituye la comisión de valoración del profesorado de los centros de formación y se regulan aspectos relativos a la autorización e inspección de los mismos (BOE núm. 173, de 20 de julio).

Resolución de 18 de marzo de 1997, de la Dirección General de la Guardia Civil, por la que se delegan competencias en materia de armas, explosivos y seguridad privada (BOE núm. 99, de 25 de abril. Corrección de errores en BOE núm. 129, de 30 de mayo).

Resolución de 13 de enero de 1997, de la Dirección General de la Policía, por la que se delegan determinadas competencias en materia de seguridad privada en el Jefe de la División de Formación y Perfeccionamiento de este centro directivo (BOE núm. 36, de 11 de febrero).

Resolución de 28 de febrero de 1996, de la Secretaría de Estado de Interior, por la que se aprueban las instrucciones para la realización de los ejercicios de tiro del personal de seguridad privada (BOE núm. 57, de 6 de marzo).

Específica en Materia de Protección de Datos:

Ley Orgánica 3/2018, de 5 de diciembre, de Protección de Datos Personales y garantía de los derechos digitales.

Reglamento (UE) 2016/679 del Parlamento Europeo y del Consejo, de 27 de abril de 2016, relativo a la protección de las personas físicas en lo que respecta al tratamiento de datos personales y a la libre circulación de estos datos.

Específica en Materia de Prevención de Riesgos Laborales y Autoprotección:

Ley 31/1995, de 8 de noviembre, de prevención de Riesgos Laborales (BOE núm. 269, de 10 de noviembre).

Real Decreto 393/2007, de 23 de marzo, por el que sea aprueba la Norma Básica de Autoprotección de los centros, establecimientos y dependencias dedicados a actividades que puedan dar origen a situaciones de emergencia.

Anexo II.- Terminología y Abreviaturas utilizados en el Desarrollo del Documento, por orden alfabético.

Activo: Recurso de una empresa, o ligado a ésta, necesario para que funcione correctamente y alcance los objetivos propuestos por la Dirección de la misma.

Alerta: Notificación de la ocurrencia de una condición de riesgo o de un siniestro que podría requerir la eventual ejecución del plan de emergencias.

Amenaza: Es toda causa previsible de daño a las personas o bienes.

BIE: Abreviatura de Boca de Incendios Equipada, perteneciendo éstos a los sistemas de extinción de incendios de actuación manual.

Bien: Es toda persona, animal, cosa o información que, en unas determinadas circunstancias, posee o se le atribuye una o varias cualidades benéficas y en virtud de lo cual resulta objeto de valoración. En el caso del Medio Ambiente, este será considerado siempre un Bien a proteger.

Bienes Intangibles: o inmateriales, son aquellos que no ocupan un lugar físico en el espacio.

Bienes Intangibles Imaginarios: No están basados en causas reales de Justificación.

Bienes Intangibles Reales: Están basados en circunstancias y hechos verídicos o causas que los justifican.

Bienes Mixtos: Constituidos por una combinación de Bienes Intangibles y Tangibles.

Bienes Tangibles: O materiales, son aquellos que ocupan un lugar físico en el espacio.

Bienes Tangibles Artificiales: Compuestos principalmente por materia inorgánica y derivados fundamentalmente de la acción del hombre.

Bienes Tangibles Naturales: Compuestos principalmente por materia orgánica y no manipulados en su esencia por el Hombre.

Binomio: En seguridad, una composición de dos unidades operativas.

Biométrico: En seguridad, medios electrónicos de seguridad que emplean rasgos corporales para, en el control de accesos, dar veracidad a la identidad de quien pretende acceder a una zona o área concreta.

CAS: Cerradura de Alta Seguridad.

CC: Centro de Control, en relación a su referencia en el Plan de Emergencias y Evacuación.

CCD: Tipo de tecnología para cámaras de seguridad que basan la imagen en el principio de conversión de la señal luminosa en señal eléctrica.

CCTV: Circuito Cerrado de Televisión.

CEN: Comité Europeo de Normalización.

CoESS: Confederación Europea de Servicios de Seguridad

CRA: Central Receptora de Alarmas, para hacer referencia a éstas de uso externo, no de Uso Propio.

Daño: Es toda variación real o supuesta que experimenta un Bien y en virtud de la cual sufre una disminución del valor o aprecio del que era objeto.

Denuncia: Información o aviso que se da a la autoridad competente de haberse cometido un delito.

Diagrama de Flujo, Flujograma U Organigrama: Representa, de manera gráfica, un proceso que puede responder a diferentes ámbitos. Es utilizado para describir, paso a paso, las operaciones que se realizarán dentro del proceso, ya sea de Gestión de Recursos Materiales, Humanos u Organizativos.

Disuadir: Crear en el agresor un sentimiento de impotencia ante un sistema de seguridad. Persuadir.

EAEs: Equipos de Alarma y Evacuación, en relación al Plan de Emergencias y Evacuación.

Efracción: Forzamiento o ruptura de medidas de seguridad físicas.

EPAs: Equipo de Primeros Auxilios, en relación al Plan de Emergencias y Evacuación.

EPIs: Equipo de Primera Intervención, en relación al Plan de Emergencias y Evacuación.

ESIs: Equipo de Segunda Intervención, en relación al Plan de Emergencias y Evacuación.

Estanqueidad IP: O grado de protección IP. Especifica un efectivo sistema para clasificar los diferentes grados de protección aportados, a los elementos electrónicos de seguridad, por contenedores que los resguardan.

Factor de Riesgo: Cualquiera de las posibles causas susceptibles de originar Daño al Patrimonio de la Organización. Los Factores de Riesgo coexisten con el Bien en la rutina.

Feed Back: Anglicismo que significa *retroalimentación*, por lo tanto, en comunicación significa bidireccionalidad en una conversación, con independencia del medio que se emplee.

FFCCSS: Fuerzas y Cuerpos de Seguridad

FOP: Fuerza de Orden Público.

Fraude: Acción delictiva contra personas u organizaciones tendentes a obtener lucro mediante el engaño.

Hurto: A diferencia del robo, es apoderamiento de bienes sin el empleo de fuerza o violencia, utilizando, en muchas ocasiones, el despiste del propietario legítimo de éstos.

Injerencia Mínima: Principio por el cuál la actividades de seguridad privada sobre un objeto de protección, debe intervenir lo mínimo posible en la realización de sus actividades cotidianas, ya sean empresariales, económicas o personales, pero sin dejar de atender la seguridad integral que se pretende.

Intrusión: Acción de invasión de la esfera de la privacidad, empresa u otro objeto de protección, generalmente, con la utilización de fuerza y con la finalidad de apropiación de bienes.

IP: o Dirección IP, *Internet Protocol*. Número que identifica, de manera lógica y jerárquica a una interfaz en red de un dispositivo electrónico.

JE: Jefe de Emergencia, en relación al Plan de Emergencias y Evacuación.

JI: Jefe de Intervención, en relación al Plan de Emergencias y Evacuación.

LOPD: Abreviatura que hace referencia a la Ley Orgánica 3/2018, de 5 de diciembre, de Protección de Datos Personales y garantía de los derechos digitales.

Método Mósler: o Penta es uno de los más utilizados en el ámbito de la seguridad, tiene por objeto la identificación, el análisis y la evaluación de los factores que pueden influir en la manifestación de un riesgo, con la finalidad de que la información obtenida nos permita calcular la clase de riesgo.

NIJ: Instituto Nacional de Justicia de los EEUU.

Patrimonio: Se considera Patrimonio de una Organización al Conjunto de Bienes Tangibles e Intangibles o Mixtos de los que es poseedora.

Prevención: Preparación y disposición anticipada para evitar la manifestación de una amenaza, es decir, evitar un riesgo.

PRL: Prevención de Riesgos Laborales, utilizado para hacer referencia a las disposiciones de la Ley 31/1995, de 8 de noviembre, de Prevención de Riesgos Laborales.

Riesgo: Es el estado en el que se encuentra un Bien cuando un Factor de Riesgo se halla dentro de su entorno. También es una medida del potencial impacto, consecuencias negativas, sobre los activos de una organización, en términos de probabilidad de ocurrencia de un evento no deseado, es decir, una amenaza.

Robo: Apoderamiento de bienes empleando fuerza en las cosas o violencia, o intimidación, contra las personas.

Sabotaje: Daño o destrucción que, en seguridad, se ocasionan contra los medios de seguridad electrónicos o físicos con el objetivo final de facilitar el robo o, sencillamente, perjudicar a una organización.

Seguridad: Desde un punto de vista Conceptual, es el estado o situación ideal resultante de la no existencia de factores de riesgo dentro del entorno configurado para el Patrimonio de un Organización.

Desde un punto de vista Funcional, es un proceso organizativo cuyo fin es mediante la prevención, disuasión, detección, evaluación, retardo, reacción, restitución a la normalidad y acción de "Feed Back", evitar o disminuir las pérdidas que se produzcan como consecuencia de las acciones u omisiones hostiles contra el Patrimonio de una Organización.

UNE o UNE-EN (Normas): Conjunto de normas tecnológicas creados por los comités técnicos de normalización de los que forman parte todas las entidades y agentes implicados e interesados en los trabajos del comité, para la creación de estándares en diversos campos.

Vigilancia: Cuidado y atención puesta en las cosas o personas objeto de protección.

VSA: Vigilante de Seguridad Armado.

VSSA: Vigilante de Seguridad Sin Arma.

Vulnerabilidad: Es el carácter del Bien definido por la probabilidad de que un factor de riesgo se convierta en una pérdida real, o bien, la ausencia o insuficiencia de elementos de protección que garanticen la Seguridad.

ANEXO III.- Medios Técnicos Pasivos: Seguridad Física.

(Muro de hormigón con concertinas)

(Valla con bayoneta doble y base de hormigón armado)

(Valla con bayoneta simple)

(Elemento practicable en un vallado)

(Puerta Blindada)

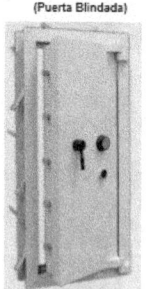

(Puerta Acorazada)

(Cristal blindado, formado por capas, para aportar cohesión)

(Cristal blindado para escaparate sometido a ensayo)

(Cristal blindado anti bala sometido a ensayo de calibres)

(Ejemplo de dos esclusas lineales y unidireccionales: cada una en una dirección)

(Ejemplo de esclusas giratorias, bidireccionales)

(Cerradura de Alta Seguridad CAS, para puerta Blindada)

(Ejemplo de Exclusa Angular)

ANEXO IV.- Medios Técnicos Activos: Seguridad Electrónica.

(Detector Perimetral de Superficie I)

(Detector Perimetral Enterrado I)

(Detector Perimetral de Superficie II)

(Detector Perimetral Enterrado II)

(Detector Periférico: Contacto Magnético I)

(Detector Periférico: Detector de Vibración I)

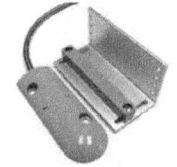

(Detector Periférico: Contacto Magnético II)

(Detector Periférico: Detector de Vibración II)

(Detector Periférico: Contacto Magnético III)

(Detector Periférico: Detector Microfónico)

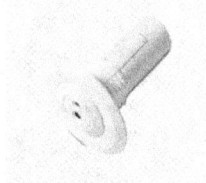

(Detector Volumétrico Activo: Detector de Ultrasonidos I)

(Detector Periférico: Detector Piezoeléctrico)

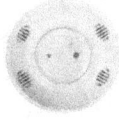

(Detector Volumétrico Activo: Detector de Ultrasonidos II)

(Detector Periférico: Detector Sísmico)

(Detector Volumétrico Activo: Detector de Microondas)

(Detector Volumétrico Pasivo: Detector de Infrarrojos)

(CCTV: Ejemplo de Cámara de Seguridad tipo Tubo, con carcasa de interior, posicionador para pared y corona de Infrarrojos)

(CCTV: Ejemplo de Cámara de Seguridad tipo CCD, sin carcasa)

(CCTV: Ejemplo de Cámara de Seguridad tipo CCD, con carcasa para Domo interior y posicionador de techo)

(Detector Volumétrico Dual)

(CCTV: Ejemplo de Cámara de Seguridad, con carcasa para Domo Exterior, con estanqueidad IP alta, posicionador para pared y alta velocidad de rotación)

142

(CCTV: Generador de Cuadrantes)

(CCTV: Matriz de Vídeo)

(CCTV: Ejemplo de Grabadora de Vídeo para aplicaciones de Seguridad)

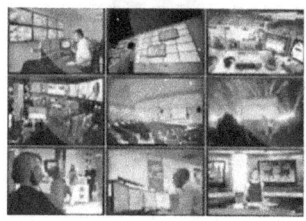

(CCTV: Resultado del Generador de Cuadrantes y Matriz de Vídeo sobre el monitor)

:CTV: Ejemplo de Software para el análisis de vídeo para aplicaciones de seguridad)